乾隆餘姚志 3

紹興大典 史部

中華書局

餘姚志卷二十一

知餘姚縣事唐若瀛修

列傳二

虞恩　虞悰　虞玩之　虞通之

虞齊　虞僧誕　虞羲　虞騫

虞荔　虞寄　虞綽　虞熙以上隋

以上六朝

六朝

虞愿字士恭祖賚給事中監利侯父望之早卒賚中庭橘樹冬熟子孫競來取之愿年數歲獨不取賚及家人皆異之元嘉末爲國子生再遷湘東王國常侍轉

潯陽王府墨曹參軍明帝立以恩儒吏學涉兼蕃國舊恩意遇甚厚除太常丞尚書祠部郎通直散騎侍郎領五郡中正祠部郎如故帝性猜忌體肥憎風夏月常著皮小衣拜左右二人爲司風令史風起方面輒先啓聞星文災變不信太史不聽外奏勑靈臺知星二人給愿常直內省有異先啓以相檢察帝以故宅起湘宮寺費極奢侈以孝武莊嚴刹七層帝欲起十層不可立分爲兩刹各五層新安太守巢向之罷郡還見帝曰卿至湘宮寺未我起此寺是大功德愿在側曰陛下起此寺皆是百姓賣兒貼婦錢佛若有

知當悲哭哀愍罪高佛圖有何功德尙書令袁粲在坐爲之失色帝乃怒使人驅下殿愿徐去無異容以舊恩少日中已復召入帝好圍碁甚拙去格七八道物議共欺爲第一品王抗圍碁依品賭戲抗每饒借之曰皇帝飛碁臣抗不能斷帝終不覺以爲信然好之愈篤愿又曰堯以此教丹朱非人主所宜好也雖數忤旨而蒙賞賜猶異餘人遷兼中書郎帝寢疾愿常侍醫藥帝素能食尤好逐夷以銀鉢盛蜜漬之一食數鉢謂揚州刺史王景文曰此是奇味卿頗足不景文曰臣夙好此物貧素致之甚難帝甚悅食逐夷

積多胸腹痞脹氣將絶左右啟飲數升酢酒乃消疾大困一食汁滓猶至三升水患積久藥不復効大漸日正坐呼道人合掌便絶愿以侍疾久轉正員郎出爲晉平太守在郡不治生產前政與民交關質錄其兒婦愿遣人於道奪取將還在郡立學堂教授郡舊出髯蛇膽可爲藥有餉愿蛇者愿不忍殺放二十里外山中一夜蛇還床下復送四十里外山經宿復還故處愿更令遠乃不復歸論者以爲仁心所致也海邊有越王石常隱雲霧相傳云清廉太守乃得見愿往觀視清徹無隱蔽後瑯邪王秀之爲郡與朝士書

曰此郡丞虞公之後善政猶存遺風易遵差得無事以母老解職除後軍將軍褚淵常詣愿不在見其眠床上積塵埃有書數袠淵嘆曰虞君之清一至於此令人掃地拂床而去遷中書郎領東觀祭酒兄季爲上虞令卒愿從省步還家不待詔便歸東除驍騎將軍遷廷尉祭酒如故愿常事宋明帝齊初宋神主還汝陰廟愿拜辭流涕建元元年卒年五十四愿著五經論問撰會稽記文翰數十篇南齊書良政傳

虞悰字景豫祖嘯父晉左民尚書父秀之黄門郎悰少而謹敕有至性秀之於都亡悰東出奔喪水漿不入

口州辟主簿建平王參軍尚書儀曹郎太子洗馬領
軍長史正員郎累至州治中別駕黃門郎初世祖始
從官家尚貧薄悰推國士之眷數相分與每行必呼
上同載上甚德之昇明中世祖爲中軍引悰爲諮議
參軍遣吏部郎江謐持手書謂悰曰今因江吏郎有
白以君情顧意欲相屈建元初轉太子中庶子遷後
軍長史領爲太子中庶子領步兵校尉鎮北長史寧
朔將軍南東海太守尋爲豫章內史將軍如故遷輔
國將軍始興王長史平蠻校尉蜀郡太守轉司徒司
馬將軍如故遷散騎常侍太子右率永明八年大水

百官戎服救太廟悰朱衣乘車鹵薄於宣陽門外行
馬內驅打入爲右司所奏見原上以悰布衣之舊從
容謂悰曰我當令卿復祖業轉侍中朝廷咸驚其美
拜遷祠部尚書出爲冠軍將軍車騎長史轉度支尚
書領步兵校尉鬱林立改領右軍將軍揚州大中正
兼大匠卿起休安陵於陵所受局下牛酒坐免官隆
昌元年以白衣領職鬱林廢悰竊歎曰王徐遂縛袴
廢天子天下豈有此理耶延興元年復領右軍明帝
立悰稱疾不陪位帝使尚書令王晏賚廢立事示悰
以悰舊人引參佐命悰謂晏曰主上聖明公卿勠力

寧假朽老以匡贊惟新乎不敢聞命朝議欲糾之僕射徐孝嗣曰此亦古之遺直衆議乃止悰稱疾篤還東上表曰臣族陋海區身微相土猥屬興運荷竊稠私徒越星紀終慙報答衛養乖方抱疾嬰固寢瘵以來倏踰旬朔頻加醫治曾未瘳損惟此朽頓理難振復乞解所職盡瘵餘辰詔賜假百日轉給事中光祿大夫尋加正員常侍永元元年卒時年六十五悰性敦實與人知識必相存訪親疎皆有終始世以此稱之南齊書本傳

虞玩之字茂瑤祖宗晉庫部郎父玫通直常侍玩之少

閑刀筆汎涉書史解褐東海王行參軍烏程令路太后外親朱仁彌犯罪依法錄治怨訴孝武坐免官泰始中除晉熙國郎中令尚書起部郎通直郎元徽中爲右丞時太祖參政與玩之書曰張華爲度支尚書事不徒然今漕藏有闕吾賢居右丞已覺金粟可積也玩之上表陳府庫錢帛器械役力所懸轉多興用漸廣慮不支歲月朝議優報之遷安成王車騎錄事轉少府太祖鎮東府朝野致敬玩之猶躡屐造席太祖取屐視之訛黑斜銳蒵斷以芒接之問曰卿此屐已幾載玩之曰初釋褐拜征北行佐買之著已二十

年貧士竟不辨易太祖善之引爲驃騎諮議參軍覇府初開賓客輻湊太祖留意簡接玩之與樂安任遐俱以應對有席上之美齊名見遇玩之遷驍騎將軍黃門郎領本部中正上患民閒欺巧及卽位敕玩之與驍騎將軍傅堅意檢定簿籍玩之上表曰宋元嘉二十七年八條取人孝建元年書籍衆巧之所始也元嘉中故光祿大夫傅隆年出七十猶手自書籍躬加隱校隆何必有石建之慎高柔之勤蓋以世屬休明服道修身故耳今陛下日旰忘食未明求衣詔逮幽愚謹陳妄說古之共治天下唯良二千石今欲求

治取正其在勤民令長凡受籍縣不加檢合但封送州州檢得實方卻歸縣吏貪其賂民肆其奸奸彌深而卻彌多賂愈厚而答愈緩自泰始三年至元徽四年揚州等九郡四號黃籍共卻七萬一千餘戶於今十一年矣而取正者猶未四萬神州奧區尚或如此江湘諸部倍不可念愚謂宜以元嘉二十七年籍爲正民惰法既久今建元元年書籍宜更立明科一聽首悔迷而不反依制必戮使官長審自檢校必令明洗然後上州永以爲正若有虛昧州縣同咎今戶口多少不減元嘉而板籍頓闕弊亦有以自孝建以來

入勳者衆其中操干戈衛社稷者三分殆無一焉勳簿所領而詐注辭籍浮遊世要非官長所拘錄復爲不少尋蘇峻平後庾亮就溫嶠求勳簿而嶠不與以爲陶侃所上多非實錄尋物之懷私無世不有宋末落紐此巧尤多又將位既衆舉恤爲祿實潤甚微而人領數萬如此二條天下合役之身已據其大半矣又有改注籍狀詐入仕流昔爲人役者今反役人又生不長髮便謂爲道填街溢巷是處皆然或抱子并居竟不編戶遷徙去來公違土斷屬役無滿流亡不歸寧喪終身疾病長臥法令必行自然競反又四鎮

戍將有名寡實隨才部曲無辦勇懦署位借給巫媪比肩彌山滿海皆是私役行貨求位其塗甚易募役界劇何爲投補坊吏之所以盡百里之所以單也今但使募制明信滿復有期民無逕路則坊可立表而盈矣爲治不患無制患在不行不患不行患在不久上省玩之表納之乃別置板籍玩之以久宦年疾上表告退曰臣聞負重致遠力窮則困竭誠事君智盡必傾理固然也四十仕進七十懸車壯則驅馳老宜休息臣生於晉長於宋老於齊世歷三代朝市再易臣以宋元嘉二十八年爲王府行佐於茲三十年矣

自頃以來衰耗漸篤爲性不孏惰而倦怠頓來耳目本聰明而聾曉轉積脚不支身喘不緒氣景刻不推朝晝不保大功兄弟四十有二人通塞壽夭唯臣獨存朝露未光寧堪長久且知足不辱臣已足矣稟命饑寒不啻富貴銅山由命臣何恨焉久甘之矣直道事人不免縲紲屬遇聖明知其非罪臣之幸厚矣授命於道消之晨效節於百揆之日臣忠之效也慶降於文明之初荷澤於天飛之運臣命之偶也不謀巧宦而位置九卿德慚李陵而忝居門下堯舜無窮臣亦通矣年過六十不爲夭矣榮期之三樂東平之一

善臣俱盡之矣經昏踐亂涉艱履危仰聖德以求全憑賢輔以申節未嘗厥屈於勲權長溺於狐鼠臣立身之本於斯不虧在其壯也當官不讓及其衰矣豪露靡因伏願慈臨賜臣骸骨非爲希高慕古愛好泉林特以丁運孤貧養禮多闕風樹之感夙自纏心庶天假其辰得二三年開掃守邱墓以此歸全始終之報遂矣上省玩之表許之玩之於人物好臧否宋末王儉舉員外郎孔逷使魏玩之言論不相饒逷儉竝恨之至是玩之東歸儉不出送朝廷無祖餞者玩之歸家數年卒南齊書本傳

虞通之善言易仕至步兵校尉其宗人龢位中書郎廷尉少好學居貧屋漏恐濕墳典乃舒被覆之書獲全而被大濕時人比之高鳳南史文苑傳

虞齊永明中以文學與沈約俱爲文惠太子所遇意盼殊常官至驃騎將軍南史文苑傳

虞僧誕爲國子助教以左氏講授聽者常數百人時博士崔靈恩先習左傳服解不爲江東所行乃改說杜義文句常申服難杜僧誕最精杜學特作申杜難服以答靈恩世竝傳焉嘉泰會稽志

虞羲字士光盛有才藻竟陵王子良開西邸招文學王

僧孺與羲並以善詞藻遊焉羲卒於晉安王侍郎采南史王僧孺傳

案鍾嶸詩品作虞子陽文選亦作子陽與南史異

虞騫工屬文仕至王國侍郎有文集南史附傳

虞荔字山披祖權梁廷尉卿永嘉太守父檢平北始興王諮議參軍荔幼聰敏有志操年九歲隨從伯闡候太常陸倕問五經凡有十事荔隨問輒應無有遺失倕甚異之又常詣徵士何允時太守衡陽王亦造焉允言之於王王欲見荔荔辭曰未有板刺無容拜謁王以荔有高尚之志雅相欽重還郡即辟爲主簿荔

文辭以年小不就及長美風儀博覽墳籍善屬文釋褐梁西中郎行參軍尋署法曹外兵參軍兼丹陽詔獄正梁武帝於城西置士林館勱乃製碑奏上帝命勒之於館仍用勱爲士林學士尋爲司文郎遷通正散騎侍郎兼中書舍人時左右之任多參權軸內外機務互有帶掌唯勱與顧協淡然靖退居於西省但以文史見知當時號爲清白尋領大著作及侯景之亂勱率親屬入臺除鎮西諮議參軍舍人如故臺城陷逃歸鄉里侯景平元帝徵爲中書侍郎貞陽侯授揚州別駕並不就張彪之據會稽也勱時在焉及文

帝平彪高祖遺荔書曰喪亂已來賢哲凋散君才用
有美聲聞許洛當今朝廷維新廣求英儁豈可棲遲
東土獨善其身今令兒子將接出都想必副朝廷虛
遲也文帝又與書曰君東南有美聲譽洽聞自應翰
飛京許共康時弊而削迹丘園保茲獨善豈使稱空
谷之望耶必願便爾假裝且爲出都之計唯遲披覯
在於茲日迫切之不得已乃應命至都高祖崩文帝
嗣位除太子中庶子仍侍太子讀書尋領大著作東
揚揚州二州大中正庶子如故初荔母隨荔入臺卒
於臺內尋而城陷情禮不申由是終身蔬食布衣不

聽音樂雖任遇隆重而居止儉素淡然無營文帝深
器之常引在左右朝夕顧訪勰性沈密少言論凡所
獻替莫有見其際者故不列於後焉時勰第二弟寄
寓於閩中依陳寶應勰每言之輒流涕文帝哀而謂
曰我亦有弟在遠此情甚切他人豈知乃勑寶應求
寄寶應終不遣勰因以感疾帝數往臨視令勰將家
口入省勰以禁中非私居之所乞停城外文帝不許
乃令往於蘭臺乘輿再三臨問手勑中使相望於道
又以勰蔬食積久非羸疾所堪乃勑曰能敦布素乃
當爲高卿年事已多氣力稍減方欲仗委良須克壯

今給卿魚肉不得固從所執也荔終不從天嘉二年卒時年五十九文帝甚傷惜之贈侍中謚曰德子及喪柩還鄉里上親出臨送當時榮之子世基世南並少知名陳書本傳

虞寄字次安少聰敏年數歲客有造其父者遇寄於門因嘲之曰郎君姓虞必當無智寄應聲曰文字不辯豈得非愚客大慚入謂其父曰此子非常人文舉之對不是過也及長好學善屬文性冲静有棲遁之志弱冠舉秀才對策高第起家梁宣城王國左常侍大同中嘗驟雨殿前往往有雜色寶珠梁武觀之甚有

喜色寄因上瑞雨頌帝謂其兄荔曰此頌典裁清拔
卿家之士龍也將如何擢用寄聞之嘆曰美盛德之
形容以申擊壤之情吾豈買名求仕者乎乃閉門稱
疾唯以書籍自娛岳陽王爲會稽太守引寄爲行參
軍遷記室參軍領郡王官掾又轉中記室掾如故在
職簡略煩苛務存大體曹局之内終日寂然侯景之
亂寄隨兄荔入臺除鎮南湘東王諮議參軍加貞威
將軍京城陷遁還鄉里及張彪往臨川强寄俱行寄
與彪將鄭瑋同舟而載瑋嘗忤彪意乃刼寄奔於晉
安時陳寶應據有閩中得寄甚喜高祖平侯景寄勸

令自結寶應從之乃遣使歸誠承聖元年除和戎將軍中書侍郎寶應愛其才託以道阻不遣每欲引寄爲僚屬委以文翰寄固辭獲免及寶應結婚留異漸有逆謀寄微知其意言說之際每陳逆順之理微以諷諫寶應輒引說他事以拒之又嘗令左右誦漢書臥而聽之至蒯通說韓信曰相君之背貴不可言寶應蹶然起曰可謂智士寄正色曰覆酈驕韓未足稱智豈若班彪王命識所歸乎寄知寶應不可諫慮禍及己乃爲居士服以拒絕之常居東山寺僞稱腳疾不復起寶應以爲假託使燒寄所臥室寄安臥不動

親近將扶寄出寄曰吾命有所懸避欲安往縱火者旋自救之寶應自此方信及留異稱兵寶應資其部曲寄乃因書極諫曰東山虞寄致書於明將軍使君節下寄流離世故飄寓貴鄉將軍待以上賓之禮申以國士之眷意氣所感何日忘之而寄沈痾彌留惕陰將盡常恐卒塡溝壑涓塵莫報是以敢布腹心得陳丹款願將軍留須臾之慮少思察之則瞑目之日所懷畢矣夫安危之兆禍福之機匪獨天時亦由人事失之毫釐差以千里是以明智之士據重位而不顧執大節而不失豈惑於浮辭哉將軍文武兼資英

威不世往因多難仗劍興師援旗誓衆抗威千里豈不以四郊多壘共謀王室匡時報主寧國庇民乎此所以五尺童子皆願荷戟而隨將軍者也及高祖武皇肇基草昧初濟艱難於時天下沸騰民無定主豺狼當道鯨鯢横擊海内業業未知所從將軍運動微之鑒折從衡之辯策名委質自託宗盟此將軍妙算遠圖發於衷誠者也及主上繼業欽明睿聖選賢與能羣臣輯睦結將軍以維城之重崇將軍以裂土之封豈非宏謨廟畧推赤心於物也屢申明詔款篤殷勤君臣之分定矣骨肉之恩深矣不意將軍惑於邪

說遼生異計寄所以疾首痛心泣盡而繼之以血萬
全之策竊爲將軍惜之寄雖疾侵耄及言無足採千
慮一得請陳愚算願將軍少戢雷霆貽其晷刻使得
盡狂瞽之說披肝膽之誠則雖死之日由生之年也
自天厭梁德多難荐臻寰宇分崩英雄互起不可勝
紀人人自以爲得之然夷凶翦亂拯溺扶危四海樂
推三靈眷命揖讓而居南面者陳氏也豈非歷數有
在惟天所授當璧應運其事甚明一也主上承基明
德遠被天綱再張地維重紐夫以王琳之彊侯瑱之
力進足以搖蕩中原爭衡天下退足以屈強江外雄

長偏隅然或命一旅之師或資一士之說琳則瓦解
冰泮投身異域頃則厥角稽顙委命闕庭斯又天假
之威而除其患其事甚明二也今將軍以藩戚之重
擁東南之衆盡忠奉上戮力勤王豈不勳高竇融寵
過吳芮析珪判野南面稱孤其事甚明三也且聖朝
棄瑕忘過寬厚得人改過自新咸加敘擢至於余孝
頃潘純陁李孝欽歐陽頠等悉委以心腹任以爪牙
胸中豁然曾無纖芥況將軍釁非張繡罪異畢諶當
何慮於危亡何失於富貴此又其事甚明四也方今
周齊鄰睦境外無虞并兵一向匪朝伊夕非劉項競

逐之機楚趙連從之勢何得雍容高拱坐論西伯其事甚明五也且留將軍狼顧一隅亟經摧衄聲實嚮喪膽氣衰沮高壤向文政劉瑜黃子玉此數人者將軍所知首鼠兩端惟利是視其餘將帥亦可見矣孰能披堅執銳長驅深入縶馬埋輪奮不顧命以先士卒者乎此又其事甚明六也且將軍之強孰如侯景將軍之衆孰如王琳武皇滅侯景於前今上摧王琳於後此乃天時非復人力且兵革已後民皆厭亂其孰能棄墳墓捐妻子出萬死不顧之計從將軍於白刃之刑乎此又其事甚明七也歷觀前古鑒之往事

子陽季孟傾覆相尋餘善右渠危亡繼及天命可畏
山川難恃況將軍欲以數郡之地當天下之兵以諸
侯之資拒天子之命彊弱逆順可得侔乎此又其事
甚明八也且非我族類其心必異不愛其親豈能及
物留將軍身縻國爵子尙王姬猶且棄天屬而弗顧
背明君而孤立危急之日豈能同憂共患不背將軍
者乎至於師老力屈懼誅利賞必有韓智晉陽之謀
張陳井陘之勢此又其事甚明九也且北軍萬里遠
鬭鋒不可當將軍自戰其地人多顧後梁安背向爲
心修胏匹夫之力衆寡不敵將帥不侔師以無名而

出事以無機而動以此稱兵未知其利夫以漢朝吴
楚晉室穎顒連城數十長戟百萬拔本塞源自圖家
國其有成功者乎此又其事甚明十也爲將軍計者
莫若不遠而復絶親留氏泰郎快郎隨遣入質釋甲
偃兵一遵詔旨且朝廷許以鐵劵之要申以白馬之
盟朕弗食言誓之宗社寄開明者鑒未形智者不再
計此成敗之效將軍勿疑吉凶之幾間不容髪方今
藩維倘少皇子幼冲凡預宗枝皆蒙寵樹況以將軍
之地將軍之才將軍之名將軍之勢而能克修藩服
北面稱臣寧與劉澤同年而語其功業哉豈不身與

山河等安名與金石相倣願加三思慮之無怨寄氣
力綿微餘陰無幾感恩懷德不覺狂言鈇鉞之誅甘
之如薺寶應覽書大怒或謂寶應曰虞公病勢漸篤
言多錯謬寶應意乃小釋亦爲寄有民望且優容之
及寶應敗走夜至莆田顧謂其子扞秦曰早從虞公
計不至今日扞秦但泣而已寶應既擒凡諸賓客微
有交涉者皆伏誅唯寄以先識免禍文帝尋勅都督
章昭達以理發遣令寄還朝及至即日引見謂寄曰
管寧無恙其慰勞之懷若此頃之文帝謂到仲舉曰
衡陽王既出閤雖未置府僚然須得一人旦夕游處

兼掌書記宜求宿士有行業者仲舉未知所對文帝曰吾自得之乃手勑用寄寄入謝文帝曰所以暫屈卿游藩者非止以文翰相煩乃令以師表相事也尋兼散騎常侍聘齊寄辭老疾不行除國子博士頃之又表求解職歸鄉里文帝優旨報答許其東還仍除東揚州別駕寄又以疾辭高宗即位徵授揚州治中及尚書左丞竝不就乃除東中郎建安王諮議加戎昭將軍又辭以疾不任旦夕陪列王庭特令停王府公事其有疑議就以決之但朔望牋修而已太建八年加大中大夫將軍如故十一年卒時年七十寄少

篤行造次必於仁厚雖僮豎未嘗加以聲色至於臨危執節則辭氣凜然白刃不憚也自流寓南土與兄荔隔絶因感氣病每得荔書氣輒奔劇危殆者數矣前後所居官未嘗至秩滿纔期年數月便自求解退常曰知足不辱吾知足矣及謝病私庭每諸王爲州將下車必造門致禮命釋鞭板以几杖侍坐常出遊近寺閭里傳相告語老幼羅列望拜道左或言誓爲約者但指寄便不欺其至行所感如此所製文筆遭亂多不存陳書本傳

隋

虞綽字士裕博學有俊才尤工草隸陳左衛將軍傅縡有盛名見綽詞嘆曰虞郎之文無以尚也仕陳爲太學博士永陽王記室大業初爲秘書學士奉詔撰長洲玉鏡等十餘部綽所筆削未嘗不稱善累遷著作郎與虞世南庾自直蔡允恭等四人常居禁中以文翰待詔從征遼東帝舍臨海頓見大鳥異之使綽爲銘帝覽而善之命有司勒於海上其詞賦並行於世嘉泰會稽志節錄隋書本傳

虞熙大業末爲符璽郎宇文化及將亂宗人虞伋知而告熙曰事勢已然吾將濟君南渡同死何益熙曰棄

父背君求生何地感尊之懐自此訣矣難作熙與弟
宜義郎𣝣晦竝死之浙江通志節錄隋書附傳

餘姚志卷二十二

知餘姚縣事唐若瀛修

列傳三

方山京 孫嶸叟 岑全 唐震

余廷簡 楊子祥 厲元吉 葉仲凱

孫嘉 陳開先 何林 吳自然以上宋

唐

虞世南出繼叔陳中書侍郎寄爲後故字伯施性沈靜寡欲與兄世基同受學於吳顧野王餘十年精思不懈至累旬不盥櫛文章婉縟慕僕射徐陵陵自以爲類己由是有名陳天嘉中父荔卒世南毀不勝喪文帝高荔行知二子皆博學遣使至其家護視召爲建安王法曹參軍時寄陷於陳寶應世南雖服除仍衣

布飯蔬寄還乃釋布噉肉至德初除西陽王友陳滅
與世基入隋世基辭章清勁過世南而贍博不及也
俱名重當時故議者方晉二陸煬帝爲晉王與秦王
俊交辟之大業中累至秘書郎煬帝雖愛其才然疾
峭正弗甚用爲七品十年不徙宇文化及殺世基而
世南抱持號訴請代不能得自是哀毁骨立從至聊
城爲竇建德所獲秦王滅建德引爲府參軍轉記室
遷太子中舍人王踐祚拜員外散騎侍郎宏文館學
士時世南已衰老屢乞骸骨不聽遷太子右庶子固
辭改秘書監封永興縣子世南貌儒謹外若不勝衣

而中抗烈論議持正太宗嘗曰朕與世南商畧古今有一言失未嘗不悵恨其懇誠乃如此貞觀八年進封縣公會隴右山崩大蛇屢見山東及江淮大水帝憂之以問世南對曰春秋時梁山崩晉侯召伯宗問焉伯宗曰國主山川故山崩川竭君爲之不舉降服乘縵撤樂出次視幣以禮焉梁山晉所主也晉侯從之故得無害漢文帝元年齊楚地二十九山同日崩水大出詔郡國無來貢施惠天下遠近洽穆亦不爲災後漢靈帝時青蛇見御坐晉惠帝時大蛇長三百步見齊地經市入廟蛇宜在草野而入市此所以爲

怪耳今蛇見山澤適其所居又山東淫雨江淮大水恐有冤獄枉繫宜省錄纍囚庶幾或當天意帝然之於是遣使賑饑民申挺獄訟多所原赦後星孛虛危歷氐餘百日帝訪羣臣世南曰昔齊景公時彗見公問晏嬰嬰曰公穿池沼畏不深起臺榭畏不高行刑罰畏不重是以天見彗爲戒耳景公懼而修德後十六日而滅臣願陛下勿以功高而自矜勿以太平久而自驕慎終於初彗雖見猶未足憂帝曰誠然吾良無景公之過但年十八舉義兵二十四平天下未三十即大位自謂三王以來撥亂之主莫吾若故負而

矜之輕天下士上沃見變其爲是乎秦始皇刬除六國隋煬帝有四海之富卒以驕敗吾何得不戒邪高祖崩詔山陵一準長陵故事厚送終禮於是程役峻暴人力告弊世南諫曰古帝王所以薄葬者非不欲崇大光顯以榮其親然高墳厚隴寶貝珍物適所以累之也聖人深思遠慮安於菲薄爲長久計昔漢成帝造延昌二陵劉向上書曰孝文居霸陵悽愴悲懷顧謂羣臣曰嗟乎以北山石爲椁用紵絮斮陳漆其閒豈可動哉張釋之曰使其中有可欲雖錮南山猶有隙使無可欲雖無石椁又何戚焉夫死者無終極

而國家有廢興孝文寤焉遂以薄葬又漢法人君在
位三分天下貢賦之一以入山陵武帝歷年長久比
葬方中不復容物霍光暗於大體奢侈過度其後赤
眉入長安破茂陵取物猶不能盡無故聚斂爲盜之
用甚無謂也魏文帝爲壽陵作終制曰堯葬壽陵因
山爲體無封樹寢殿園邑棺槨足以藏骨衣衾足以
朽肉吾營此不食之地欲使易代之後不知其處無
藏金銀銅鐵一以瓦器喪亂以來漢氏諸陵無不發
者至乃燒取玉匣金縷骸骨並盡乃不重痛哉若違
詔妄有變改吾爲戮屍地下死而重死不忠不孝使

魂而有知將不福汝以爲永制藏之宗廟魏文此制可謂達於事矣陛下之德堯舜所不逮而俯與秦漢君同爲奢泰此臣所以尤戚也今爲邱隴如此其中雖不藏珍寶後世豈及信乎臣愚以爲覇陵因山不起墳自然高顯今所卜地勢即平宜依周制爲三仞之墳明器一不得用金銀銅鐵事訖刻石陵左以明示大小高下之式一藏宗廟爲子孫萬世法豈不美乎書奏未報又上疏曰漢家即位之初便營陵墓近者十餘歲遠者五十年今以數月之程課數十年之事其於人力不亦勞矣漢家大郡戶全五十萬今人

衆不逮往時而功役一之此臣所以致疑也時議者
頗言宜奉遺詔於是稍稍裁抑帝嘗作宫體詩使賡
和世南曰聖作誠工然體非雅正上之所好下必有
甚者臣恐此詩一傳天下風靡不敢奉詔帝曰朕試
卿耳賜帛五十匹帝數出畋獵世南以爲言皆蒙嘉
納嘗命寫列女傳於屏風於時無本世南暗疏之無
一字謬帝每稱其五絶一曰德行二曰忠直三曰博
學四曰文詞五曰書翰世南始學書於浮屠智永究
其法爲世秘愛十二年致仕授銀青光禄大夫宏文
館學士如故禄賜防閤視京官職事者卒年八十一

詔陪葬昭陵贈禮部尚書謚曰文懿帝手詔魏王泰曰世南於我猶一體拾遺補闕無日忘之蓋當代名臣人倫準的今其云亡石渠東觀中無復人矣後帝爲詩一篇述古興亡既而歎曰鍾子期死伯牙不復鼓琴朕此詩將何所示邪勑起居郎褚遂良卽其靈坐焚之後數歲夢進讜言若平生翌日下制厚卹其家子昶終工部侍郎 唐書本傳

虞九臯字鳴鶴父爲郭子儀從事官汚州刺史九臯少能文孝友爲鄉論所推舅氏歿於海奔喪扶櫬方舉進士而歿柳宗元誄之私謚曰恭肅 續文獻通考

吳越

顧全武機警有才畧錢鏐入都建國辟令從戎以爲裨將累遷武勇都知兵馬使乾寧三年董昌據越州叛遣裨將崔溫李蕙率兵屯石侯全武率衆擊破之臨陣斬溫蕙湖州徐應起兵以應昌與淮人圍嘉禾全武擊破其烏墩光福二柵以屯西陵三年昌將徐珣李元賓據蕭清四封九卿之地全武自西陵擊破之珣元賓皆乞降盡總其衆昌又遣裨將湯臼守石城袁邠守餘姚全武自西陵趋石城與臼遇大戰石城東斬首千餘級臼僅以身免去會稽三十里昌不敢

出援復攻餘姚袁邠堅壁自守昌遣將徐宣率兵援邠全武潛師斷其要衝俟軍半過橫出擊之殺二百餘人擒徐宣翌日袁邠以城降全武進軍圍會稽昌閱戰五雲門懸玉帛以誘我師全武率勵諸將并力擊之昌懼退入城中遷全武諸軍都虞侯東面都知兵馬使遂攻五雲門時淮將臺濛陷姑蘇鏐欲遣全武屯西陵以備北寇全武曰賊之根本繫於越州豈以失一姑蘇而遂緩大衆耶當先拔越州後復茂苑未爲晚也鏐從之俄而越州破執董昌以歸奏加全武檢校太保明州刺史四年與沈夏許再思率師由

海路以赴嘉禾諸將欲緩入全武曰嘉禾圍閉久矣莫知吾之勝負宜速往慰之因倍道而進城中見我軍旗幟皆稱萬歲全武與昌將李宗禮頓全戰於城外大破之獲頓全宗禮以歸餘衆遁去俘千人以歸嘉禾平時吳將田頵守吳興聞之亦遁去全武追襲百餘里斬馘沉溺者千計遂督衆復蘇州吳將臺濛棄城遁去時淮軍屯崑山全武擊破之擒吳將秦裴光化二年加贊忠去僞功臣徐綰許再思叛圍外城鏐懼綰據會稽將令全武領兵屯越州全武曰東府不足往當詣邗溝鏐曰何也全武曰急必召田頵來

則淮南與師矣鏐乃令全武行成於吳全武又曰獨行必不濟請擇諸公子與之同往鏐乃以元璙聘楊氏與全武俱行至廣陵楊行密乃遣使名穎還師明年全武與元璙同歸長興初以疾卒年六十五全武寬裕有謀善撫士卒喜怒未嘗形色每大敵在前鼙鼓動地分布行陣頤指口授怡怡如也嘗圍淮將秦裴於崑山裴援絕不降頗殺傷士卒有謾辭及裴降乃為言於鏐卒全活之時人稱其長者九國志

鮑君福字慶臣少羇貧性淳厚有膽勇餘姚有井面闊丈餘橫以雙梁水深不可測君福每醉必寢其上及

從軍以驍勇聞初事劉漢宏及鏐東討乃率其黨來附號曰歸明都累從征討有功能馬上輪雙劍望之如飛電沈默少語軍中謂之鮑不鬧淮人寇三衢以君福爲應援使屬刺史陳章叛淮人入城楊行密令其將李元嗣監守君福署以郡職君福不受鏐聞之恐其被害也乃密與絹書令其就職君福竟拒之一夕與元嗣飲伺其醉而殺之奔歸錢塘授[illegible]州刺史淮人屢寇其境君福每擊破之及罷歸鏐勞之曰公在郡數年戰鬭而已豈爲優賢耶因復遣之任元瓘領清海軍節度辟爲副使同平章事兼侍中天福五

年卒年七十七（九國志）

案鮑君福有子曰修讓仕吳越見十國春秋據咸淳臨安志鮑家田在武林門外蓋自君福已移居武林矣今祇錄君福本傳而畧其後嗣云

宋

陳橐字德應入太學登政和上舍第歷數縣令皆以愷悌稱呂頤浩欲援爲御史約先一見橐曰宰相用人乃使之呈身耶謝不往趙鼎李光交薦其才紹興二年除監察御史論事不合除江西運判期年開按劾不法吏以十數至有望風解印綬者移知台州母喪

邦人巷哭相率走行在所請起櫜詔賜櫜錢三十萬
櫜力辭上謂陳橐有古循吏風終喪累遷權刑部侍
郎時秦檜主和議櫜疏謂金人多詐不可信又謂宜
乘時掃清以雪國恥否亦當按兵嚴備審勢而動舍
此不爲乃遽講和何以繫中原之望旣而金厚有所
邀議久不決將再遣使櫜復極論不可檜憾之櫜力
請去未幾金果渝盟除徽猷閣待制知潁昌府改處
州又改廣州留鎭三年民吏悅服檜中以事降秩屢
告老改婺州請不已遂致仕卒年六十六櫜博學剛
介不事產業先世田廬悉推予兄弟在廣積年四方

聘幣一不入私室旣謝事歸剡中僑寓僧寺日羅以食處之泰然王十朋爲風土賦論近世會稽人物曰杜祈公之後有陳德應云宋史本傳

虞賔世南十四世孫舉進士甲第知長洲縣縣多大姓黠吏亂法亡度賔芟鉏之皆屛息自保無敢橫歲祲民無蓄藏部使者猶董宿負賔閣文移不省及去縣民勒碑頌之官終翰林承旨萬歷舊志

胡宗伋字浚明童時如成人及長刻意於學元符間試禮部不第歸教授鄉里學者多從之游性至孝跬步未嘗忘親建炎之亂士人避地明越者多以宗伋爲

歸依孝宗御極授房州文學調瀏陽丞用薦監嚴州比較務最進一官丐祠監南嶽廟宗伋操行方軏篤於道德性命之旨其交游子弟非是莫取世稱爲醇儒兩浙名賢錄

胡沂字伯周進士甲科陞沅州縣幾三十載紹興二十八年始入爲正字遷校書郎兼實錄院檢討官吏部員外郎轉右司孝宗受禪遷擢殿中侍御史時龍大淵曾覿以藩邸舊恩除知閤門事沂論其市權招士請屛遠之未聽而諫官劉度坐抗論左遷沂章累上曰安知無柳宗元劉禹錫輩撓節以從之者好進者

嫉其言共排之沂亦以言不行請去與外祠乾道元年累遷吏部侍郎兼權尚書以目疾句祠六年出知處州復引疾提舉興國宫八年連拜給事中進禮部尚書兼領詹事又改侍讀上顧沂厚有大用意而沂恬退無所依附數請去虞允文當國建策復中原沂極論金無釁而我諸將未見可任者數梗其議遂以龍圖閣學士仍奉興國宫卒年六十八方疾革整容素冠不少惰其爲學所得者如此謚獻肅宋史本傳

趙善譽字靜之太宗之後乾道五年試禮部第一調昌國縣簿攝邑事勸編戶裒金買田以助昏葬嘗捕得

海盜郡守欲奏上賞善譽曰不願以人命希賞典乃止改知臨川縣具爲條目量地遠近以定課期里長月不過一再至訟事皆躬自予奪頃刻卽釋去判常州遷大理寺主簿下詔求言善譽言天下之習日趨於褊狹機巧而無優遊舒泰氣象士不畏義民不畏刑是二十年攘臂建議爭以爲功者果何補與孝宗善之陞大理丞提舉荆湖北路當陛辭進南北攻守類考及易說上曰卿史學如此經學又如此士林罕有也湖北旱善譽躬走村落撫慰饑羸糴貸濟三者竝行移潼川路提舉轉運判官以羨貲給諸郡置莊

民生子及娠者皆給米嘗論國朝置轉運使本以收藩鎮之權絶妄用之蠹脫斯民暴征之苦近特以賦斂爲事州縣困弊民力殘乏不問也一切反之蜀賴以甦宗子寓蜀者少業儒卽郡庠立學教之乞祠歸處一室以圖書自娛善譽居官廉靜多所著述郭雍朱熹嘗取其易說云卒年四十七墓在緒山舊浙江通志

趙師龍字舜臣藝祖九世孫父伯述武翼郎定居餘姚師龍蚤歲解春秋大義築小室於姚江之上號曰翠霞著雪賦甚工隆興二年登丙科授左承務郎監建康糧料院郡守委受輸吏以壓案銀來師龍正色叱

去調知武進縣愛民御吏寬猛適宜歷知邵武貞州溫州婺州並以儒雅飾吏治嘗捕盜閱知其枉即釋之人疑其寬縱已得眞盜始駭以爲神卒於官有詩文數千篇兩浙名賢錄

虞仲琳與弟仲瑤同舉進士仲琳爲教授嘗從尹焞遊焞嘗曰虞君鄉論甚美信道極篤志學之士也仲瑤爲信州教授紹興十三年始建秘書省於臨安詔求遺書置局於班春亭命仲瑤等校勘閱歲而畢官至侍講同時從尹焞遊者又有高國佐篤學力行窮老不衰子公亮亦從淳熙諸儒遊皆推其篤志浙江省志兼採

嘉泰會稽志

案康志虞賓傳云從子仲琳仲瑶竝舉進士虞仲瑶傳云父賓知長洲縣前後互異萬歷志定作從子當得其實

王遂字致君其先宛邱人建炎之亂與父俁奔餘姚爲金人所掠教授汝潁紹興八年自拔歸餘姚奏補登仕郎銓試第一復舉進士官監察御史右正言論事忤執政移吏部郎力求外補除知鄂州改湖南轉運判官復爲吏部郎終國子司業遂自幼至老無日去書詩文有法度字法鍾王從子中立得其筆法亦有

名兩浙名賢錄

李友直字叔益史浩尉餘姚見其文奇之妻以女浩既相而友直在太學不自炫耀登第遷蕪湖簿浩再相孝宗問子壻孰賢浩以友直對乃除勅令所删定官輪對稱旨有言友直驟進乃外補請祠尋判湖州知廣德軍程大昌曰友直澄之不清撓之不濁似有道者矣萬歷舊志

朱元之字伯先與弟元龜同受易於程迥舉進士光宗初受禪求言元之極言官爵冗濫士風不競宰相依違佛老蠹民武事廢弛御札名赴行在賜對請劇邑

自劾試知弋陽寧宗即位大臣以臺諫薦乃自廬州判除諸司審計擢御史時蘇師旦用事元之抗章劾之謂師旦刀筆吏濫竽朝紳依勢假權寖階要近狡獪佞黠陰險奸貪宜速罷斥以絶姦宄不虞之害不報因力求去卒於家 兩浙名賢錄

楊瑾字廷潤與弟瑤皆擢第紹定間攝華亭令鐲胥吏白納錢寬民户積逋弛酒税無藝之征吏民大悅守聞於朝遂使卽眞於是修經界立義役遷廟學凡守令所不能辦者處之沛然有餘遷平江送者填道終大理卿直寶謨閣 江南通志

莫叔光字仲謙舉進士除著作佐郎光宗初兼權中書舍人紹熙二年春雷電交作詔直言叔光言女謁漸行近習預政等事辭皆剴切布衣俞古上書將以指斥被竄叔光奏方求言弭災異不宜有罪言者之名事竟寢遷中書舍人外戚李孝純除閤門宣贊舍人帶御器械叔光言宣贊恩帶極右列清近之選孝純屢遭譴罰不宜冒居上從之除權吏部侍郎兼秘監卒（宏治紹興府志）

莫子純字粹中慶元二年進士及第除秘書省正字歷中書舍人蘇師旦本平江刀筆吏韓侂胄任爲腹心

氣餒熏炙一日遇子純於都堂趨前執禮甚恭子純
畧不爲禮師旦深恨之會師旦當遷官子純復以爲
不可於是忤侂胄意遂以祠去知溫州提舉太平興
國宫同上

案莫叔光莫子純二人浙江通志作山陰人據舊
縣志莫氏世居餘姚今學宫基址猶莫氏所舍地
也宏治紹興府志亦俱作餘姚人則二人定爲姚
産無疑郡邑志多借才異地以爲重餘姚人物林
立斷不必援引隣邑鄉賢舖陳卷帙其實係姚産
者要不容畧也惟萬歷舊志宋人首載顧臨考通

志府志俱作會稽今不載

孫應時字季和父介躬行古道訓授鄉里號雪齋先生應時天才穎異入太學從陸九淵悟存心養性之學登淳熙乙未進士尉黄巖朱熹爲常平使者一見即與定交紹興壬子邛崈帥蜀辟入制幕與元帥吳氏將有世襲之勢朝廷患而未敢輕有變易也崈因其病使應時往視疾以察軍情盛禮十獻辭焉復命以事實告會吳挺死即白制帥定議差統制官權領其軍草奏乞別選帥材以代吳氏朝廷從之以張詔爲興州都統一方晏然改秩知常熟縣既滿郡將以私

慨捃摭倉粟欠三千斛士民感德至相率擔負詣郡
願代償不報竟坐貶秩授通判邵武軍未赴而卒年
五十三有文集十卷開禧丁卯吳挺之子曦復歸與
元果據軍以叛曦誅吏部侍郎黃度等六人奏應時
見微慮遠能爲國家弭患於未形乞甄錄其後得旨
補其子祖開下州文學寶慶會稽續志
胡撙字崇禮浙之子嘗爲兩浙轉運司幹辦官條無名
賦請蠲之湖常水旱疾疫乞多賣僧牒轉米緣門
以賑二子衛衎衛舉進士累官禮部侍郎封餘姚縣
開國伯衎知漢陽軍兩浙名賢錄

孫子秀字元實紹定五年進士調吳縣主簿邑有妖人稱水仙太保子秀火其廬沈其人於太湖曰實汝水仙之名矣妖遂絶歷知金壇縣嚴保伍釐經界結義役崇學校訪國初茅山書院故址新之以待遠方遊學之士通判慶元府主管浙東鹽事辟幹辦行在諸司糧料院衢州寇作水冒城郭朝廷擇守屬子秀行子秀立保伍遴用土豪旌常山縣令陳謙亨寓士周還淳等捍禦之勞且表於朝乞加優賞人心由是競勸未幾盜復起江山玉山間甫七日禽四十八人終子秀之仕賊不復動水潦所及則爲治橋梁修堰牐

完城壁浚水原助葺民廬招通鄰糴奏蠲秋苗代納其夏稅民用復蘇南渡後孔子裔孫寓衢州衢學奉祀因循踰年子秀撤廢佛寺奏立家廟如闕里以政最遷大常丞被讒罷未幾遷大宗正丞遷金部郎中遷左司兼右司再兼金部與丞相丁大全議不合去國差知吉州尋鐫罷時孽倖朱熠凡三劾子秀開慶元年爲浙西提舉常平徙提點刑獄兼知常州尋以兼部則行部有妨得請專臬事擊貪舉廉風采凜然犴獄爲清進大理少卿直華文閣浙東提點刑獄兼知婺州婺多勢家以爲厲已嗾言者罷之尋遷湖南

副漕以迎養非便辭移浙西憲司遠近稱爲神明風
聞者謂淩轢州縣劾罷之子秀笑而已後移江東度
宗卽位進太常少卿兼右司尋兼知臨安府以言罷
起知婺州卒子秀少從劉漢弼遊磊落慷慨抵掌極
談凡朋友死生患難營救不遺力聞一善則手錄之
宋史本傳
孫炳炎字起晦子秀從子以進士爲福州教授歷宗正
丞權吏部郎出知饒州按視斛運米二十萬石請分
限補償詔從之贛寇出沒二廣爲患炳炎不折一矢
解散之廣帥劉應龍舉以自代會以言罷歸遂不復

起浙江通志名臣傳

毛遇順字鴻甫舉進士名對超拜侍御史首論史嵩之不當起復三學諸生不宜斥逐前後疏凡數十上皆時所諱言者理宗書其名於御屏寶祐初進兩淮制置使上疏極論賈似道丁大全必誤國乞即罷斥不報官至大理卿卒兩浙名賢錄

洪若博雅以鴻碩稱時舉子各占一經若於六經詞賦無不通解同邑呂次姚建義學聘爲師諸生執經問難辨若懸河汎濫百家諸子然後折衷聖經諸生無不解頤官終太常博士次姚教義好施建義學於縣

東北隅四方來學者多賴次姚以成之後其孫仲應
重建義塾爲屋五十間學田五頃李孝先爲之記浙江
通志文
苑傳
孫椿年字永叔從四方宿儒遊精於班馬左氏之學應
舉不第遂棄去兄蚤死諸孤稚負父母哀之椿年曰
某在兄不亡也迄無失所姊適胡氏夫婦皆卒椿年
撫孤恩義甚備其孤又夭復爲立後倣范氏義莊贍
其族海堤數決議決湖爲田積粟以貸修築椿年不
可曰決湖則無以灌溉利不補害出金幸鄉里其營
之子之宏從葉適遊稱高弟陸渭南集兼採浙江通志

高翥字九萬幼習科舉嘆曰此不足爲我學也放情吟嘯與劉克莊周方璞交善紫髯廣顙尤善談論遊錢塘金陵洞庭彭蠡北望中原賦詩誌慨晚隱西湖淳祐元年卒年七十二舊杭州府志寓賢傳案翥父材字國佐號石屏爲尹和靖弟子

孫因晉餘姚令統之後少與兄函從弟夢觀自相師友隱四明山采藥鹿亭樊榭閒博綜今古擬晉問作越問以補王十朋風俗賦之遺學者多傳誦之兩浙名賢錄

厲德斯字直方妹爲曹詠妻詠秦檜客守鄉郡奔附者恐後德斯獨不往詠諷邑令引爲里正脅治百端冀其祈已竟不屈檜死德斯致書於詠啟封乃樹倒胡

孫散賦也詠貶新州又以十詩贈行其一云斷尾雄雞不畏犧憑依擬禍復何疑八千里路新州瘴歸骨中原是幾時詠得詩憤歎而已（宋史紀事小傳）

趙彦械字元道宗室受廕官復登進士自吉水縣丞累官吏部尚書兼給事中以華文閣直學士知平江府壯歲從楊簡遊在吉水重修象山精舍刊慈湖遺書著有平菴集四十卷（兩浙名賢錄）

方山京字子高世家慈谿父逵材主餘姚孫氏塾遂爲壻因家焉官至臨安軍教授山京起孤童旅泊外家景定三年舉進士第一人其制策過簡或令益數語

山京曰既上覽吾不敢欺除僉書平江軍節度判官五年秋校士適彗星見山京發策極言內帑之私公田之擾因被劾罷歸貧如寒士度宗召之不起寶慶會稽續志兼採浙江通志

孫嶸叟字仁則第進士擢監察御史論賈似道罪重法輕當斬以示國法德祐初元兵渡江文天祥起義勤王而右相陳宜中深結留夢炎奏勿使入衛以沮毀之天祥列上勤王及留屯利害皆內忌夢炎莫敢闢白嶸叟取所列徑造御前奏之復乞倚任天祥寘宜中夢炎及黃萬石呂師孟以作忠義之氣時朝議方

倚重師孟求好於元不報嶸叟居官竭忠盡智排斥
奸回不爲身謀至禮部侍郎卒謚忠敏名臣傳　浙江通志
岑全字全之好學通經史兼知當世之務舉宏詞科授
臨安府教授淳祐初進太學博士校書郎嘗與邊僞
輪對言近日密院皆庸鄙小人植黨自固不圖國計
上爲罷右丞相一人出監婺州酒稅值水災軫意蠲
恤與使者議不合即引疾歸時母年八十至六十餘
定省嚴若朝典著有秘錄集十二卷經傳考疑八卷
兩浙名
賢錄
唐震字景實登第歷浙西提刑嘗忤賈似道免官咸淳

十年起知饒州元兵至震發州民城守元守將使人入饒取降款通判萬道全風震降震叱之曰我忍偷生負國耶城中少年感震言殺使者明年二月元兵大至都大提舉鄧益遁去震盡出府中金錢書官資揭於城募有能出戰者賞之衆懼不能戰遂潰震入府中玉芝堂有頭兵入執牘鋪案上使震署降震擲筆於地不屈死之兄椿與家人俱死贈華文閣待制謚忠介廟號褒忠官其二子震客馮驥何新之驥後守獨松關新之守閩之新壘皆戰死宋史忠義傳

余廷簡咸淳進士任溧水丞元兵至不屈死之於越新編

楊子祥字吉甫父克和明春秋學子祥言行侃侃卓犖有奇氣江萬里舉爲縣監税不就教授海濱兵興避地浙西主牟應龍留夢炎事元爲尚書要之仕子祥不顧東還鄧牧謝翱及方九思隱於臨安九思亦姚人相與弔古賦詩徜徉湖山閒聞復有薦此數人者乃散去子祥歸姚杜門著書垂二十年卒浙江通志隱逸傳

厲元吉號半村咸淳辛未進士爲烏程尉宋亡隱從山遇故老輒泣下元初訪求宋臣元吉遯跡湖海白首始歸廣宋遺民錄

葉仲凱號見山博涉經史咸淳甲戌奏名爲當事忌黜

宋亡不仕或曰君未食宋祿雖仕無非之者何守此苦節爲仲凱曰周漢之興不能奪夷齊黃綺人各有志不可違也爲詩文痛憤感慨於興廢之蹟遺老讀未終而流涕教授鄉里卒浙江通志隱逸傳

孫嚞登嘉熙二年進士歷官常州守屬吏有黃艮貴者伉直士也嚞優禮之見者多其識大體歸臥四明山宋亡不仕與戴表元交善好白居易詩效其體輒工有孫常州摘稿傳世浙江通志文苑傳

陳開先字覺民舉進士以節槩自許樞使李應山鎮兩淮辟爲幾宜文字將帥饋遺不受歸隱三十年遺文

若干卷萬曆舊志

何林字茂遠第進士劉黻爲沿海制置使辟任之林明鍊庶務取定俄頃創高節書院於嚴光墓所同上

吳自然字義甫家富好義德祐元年歲饑發廩賑鄉里部使者爲立高誼坊元至大初歲大饑自然于延復助有司賑給州上其事中書旌其居曰積世好義吳氏之門浙江通志義行傳

餘姚志卷二十三

知餘姚縣事唐若瀛修

列傳四

劉季麓　錢古訓　馮本清　陳叔剛

李貴昌　謝瑩　邵宏譽　柴廣敬

宋緒　李應吉　陳贄　許南傑

嚴迪　潘楷　陳詠　朱縉

毛吉　陳嘉猷以上明

元

石明三四明山農夫也早喪父獨與母居一日明三以事出囑其母暫往依女壻母諾之後二日明三歸過女壻所問母未嘗至也明三心驚馳歸見所壁閒有巨竇覘之則三虎子據其棲知母已爲所害大慟盡

殺虎子復操斧立竇間頭之母虎循竇入即斫其首碎之取肝腦礫諸庭復大慟指天曰不并殺牡虎不生也乃更礪斧循虎迹阻崖石俟之牡虎果咆哮至明三奮而前連斫虎首虎斃明三亦死僵立不仆張兩目如生手所操斧牢不可拔鄉里拜祭而神之號曰孝子立祠祀焉元史孝義傳

岑安卿字静能自稱栲栳山人岑氏多以科第起家安卿獨食貧讀書與王毅行歌林湖栲峯間嘯傲自得性耿毅里黨有不義唯恐安卿知顧喜汲引後進識宋僖於童子時勉其向學卒成名士嘗爲三哀詩以

弔宋遺民之在里中者寄託深遠有俯仰今昔之感焉遺詩四卷宋濂爲之序采舊浙江省志戴九靈集元詩選小傳

楊璲字元度喜學問師事柳貫與海內博洽者辨數困之著詩傳名物類考御史姚黻刻文上之乞降與一官忌者寢其事後以鄉貢歷寧海縉雲餘姚學正值盜起避地梅川以著述終見瑛慶元路學正郭瑀縉雲教諭並有文名璲既歸隱瑛亦隱於陳山瑀居縣北郭結廬臨江榜曰漁舍與黄縉戴良宋僖等唱和人稱爲三楊浙江通志文苑傳

鄭彝字元秉清邁爽曠不爲貴介屈有郝將軍求見彝

不爲禮郝退語人曰鄭先生視我若無有真不凡也

彝居家慈孝人無閒言以文學教授有師法同里倪叔僤與彝善亦以孝友見稱然文采稍不及彝彝又善作蘭蕙一時爭購之於越新編

李世昌字文衍風裁偉碩年應復欲引爲令史世昌曰某世業儒吏非所習也舉學錄歷龍游教諭嘉興學正謝事歸郭文煜使綜學事士風丕變世昌學文於黃溍學書於周伯琦與遊者皆當世名士鄭彝得暴疾爲奔走治療且備後事其篤友誼類此於越新編

張正蒙爲德清稅務提領至正十九年江南兵亂正蒙

謂其妻韓氏曰吾爲元朝臣子義當死妻曰爾果死
於忠吾必死於節寇至俱縊死女他奴年十七泣曰
父母死吾何忍獨生亦投崖死次女越奴䕃匿山中
夜守尸旁尋餓死趙經歷率衆瘞之府志湖州
案張正蒙全家殉難而舊志遺之知明以前人物
舊志之湮沒者多矣元史及成化志列女傳載其
事甚詳則正蒙之忠節在明初尚有知之者但不
爲正蒙立傳而附見於列女則體裁未當爾今從
胡州志名宦傳補入
王嘉閭字景善事親孝母年至百歲至元六年中政院

薦授敦武校尉松江財賦提舉先是官吏困於逋課嘉閭鉏治姦蠹正其賦稅之無歸者積弊悉除補奸欺者二人置獄中衆皆帖伏至正二十年擢武畧將軍同知紹興路總管事以親老不赴二十二年改廣東道宣慰副使時郡縣已隷方國珍議改嘉閭官嘉閭曰吾天子命官非天子命吾職不改也黄冠野服終身不起號曰竹梅翁（舊浙江通志）

胡忠字景莊宋尚書沂六世孫弱冠哭父耳鼻皆流血事母至孝與庶弟同居友愛庭長瑞楡元初紹興修城忠與岑吉助工千尺元貞閒饑疫忠乞有司賑濟

死不能葬者收瘞之明年鄉人償忠所貸忠曰饑民纔得一飽吾寧忍復奪之悉燒其券有范某爲怨家誣其殺予獄具忠出白其無罪范卒得釋鄉黨視忠爲藩屏云子秉義字達道與楊璲宋僖岑鐫遊稱爲白石樵者萬歷舊志

黄義貞字孟廉篤學好修事親以孝聞士大夫皆折行輩與交大德間以賢良薦徵拜博士辭不就隱居鳳亭年一百五歲浙江通志

案元末滑壽項昕舊志入方技傳以朱右集戴良集考之二君皆當時隱君子不當以方技目之又

壽由儀真遷姚斯以永嘉遷姚非姚產也今從舊

志程迥之例改入寓賢傳

明

王綱字性常與弟秉常敬常並以文學名綱善劉基語

之曰老夫樂山林異時得志勿以世緣累我後基竟

薦綱於太祖洪武四年徵至京師年七十矣齒髮如

少壯太祖異之策以治道擢兵部郎潮民弗靖除廣

東參議督兵餉語所親曰吾命盡此矣以書訣家人

携子彥達行單舸諭降諸亂民還抵增城遇海寇曹

真截舟羅拜願得爲帥綱諭以禍福不從則奮駡賊

昇之去爲壇坐綱日拜請綱罵不絕口遇害彥達年十六亦罵賊求死賊欲并殺之其酋曰父忠子孝殺之不祥令綴羊革裹父屍而出二十四年御史郭純以聞詔立廟死所歲時祀之彥達以父廕當得官痛父終身不仕明史忠義傳

趙撝謙名古則更名謙宋秦悼惠王之裔幼孤貧寄食山寺與學佛者同學長遊四方樂取友人有一善一能輒往訪隆寒溽暑恒徒步百餘里與朱右謝肅徐一夔輩定文字交天台鄭四表善易則從之受易定海樂良鄞鄭真明春秋山陰趙俶長于說詩迮雨善

樂府廣陵張昱工歌詩無爲吳志淳華亭朱芾工草
書篆隸撝謙悉與爲友博究六經百氏之學尤精六
書其言曰水火之生人不可一日無之而不汲汲者
以其隨取隨足故衆人昧焉惟聖人於易坎離始終
明之字書之爲用亦若水火人故不察爾又曰士人
爲學必先窮理窮理必本讀書讀書必本識字六書
明然後六經如指諸掌矣隱居隝山萬書閣築考古
臺取諸家論著證其得失作六書本義繼成聲音文
字通約之以造化經綸圖又作學範其著書三百餘
卷時自爲考古先生洪武十二年命詞臣修正韻撝

謙年二十有八應聘入京師衆以年少易之撝謙亦
自信其說不爲貴顯者所奪以是不見録授中都國
子監典簿宋濂獨遣其子璲從遊歎以爲不及久之
以吏部侍郎侯庸薦名爲瓊山縣學教諭二十八年
卒於番禺將終以書别瓊山弟子曰太虛之中不能
不聚而爲人物人物又不能不散而還太虛其聚其
散皆理數相推不能自已豈有所爲而爲者寺身在
太虛中如氷在水而今將爲水矣氷與水時爲之何
所留亦何足戀聽其自然可矣撝謙卒時年四十有
五其後門人柴欽以庶吉士與修永樂大典進言其

師所擬聲音文字適當采錄遂奉命馳傳即其家取之朱彝尊明史館擬傳

宋元僖字無逸少穎悟力學父欲奪之於市估胥吏元僖泣而辭受學於楊維楨盡得其詩文法中江浙副榜補繁昌教諭尋棄歸洪武初召修元史分撰外國傳事畢還山復與桂彥良同徵主考福建僖詩質而不枯熟而不庸入香山之室有庸菴集十卷明史趙壎傳兼采浙江通志

胡惟彥字斯美元末隱居行義明興舉遺逸上泰平頌賦早朝詩十章拜湖廣參政懇辭改兗州知府政平

訟理卒於官從子伯順有學行稱雲巢先生舊浙江通志

車誠字信夫洪武初舉賢良方正知潁上縣奉職廉謹以誠信治民政化大行遷知光州江南通志

徐士消字叔遠習聞典故時事洪武初拜河南按察副使風厲大行按視南陽久旱草木皆槁死士消戒禱得雨歲大稔又嘗視事蓮池庭中俄産一竹人皆傳爲士消之瑞分省人物考

王旭字漢章強學力行隱居教授洪武中以茂才拜芙山縣縣多虎患旭禱於神虎輒去興學勸農吏民親愛如父母焉分省人物考

朱孟常字守恒洪武中鄉貢任南平知縣縣逋漁課久不能償奏蠲之江西民兵採木過縣饑餓瀕死賑粟全活焉時遣中官刻期督木至縣期迫而木未就榜笞苛急民衆駭亂孟常力爲安撫夜有神見夢中官曰若第去朱令在何憂中官覺悉以付孟常孟常從容處之事集而民不擾闕書

錢伯英名仁傑以字行武肅王之後通經術拜上元知縣時干戈甫定能以敦俗起化爲急有誦絃之聲上賜袍笏舊浙江通志

胡季本字秉誠起家太學授建昌經歷擢知清江有惠

愛改新淦清江民欲奪之而不得新淦多事喜訟季本爲之縣庭清肅出郊問民疾苦相勞如家人父子卒百姓廟像祀之浙江通志循吏傳

黄珏字玉合號菊東初學春秋後見四明黄彦實說尙書心好之乃更受尙書研極性理之學洪武間以尙書試有司不利遂絕意進取隱居教授浙之言尙書者皆宗事之嘗翫邵子皇極經世書旨趣淵妙貫徹天人有以自樂明一統志兼採舊省志

趙宜生字德純宋宗室也粹於經史文藝之學混迹芻牧間自號騎牛野人明初舉爲邑訓導舊浙江省志

王至字孟陽明春秋三禮之學爲文章比物連類下筆沛然經其指授多爲名儒平居恭慎遇事援經質史英氣絶識凛如也明初爲於潛教諭以終浙江通志

張壹民名員以字行喜讀書善爲詩工字書常戴笠著高齒屐笑歌自傲不爲衣食計洪武中薦爲開化教諭員左目無瞳子自稱左瞽著雲航集舊浙江通志

許泰字仲亨家貧好學深於春秋爲人嚴毅有師表洪武初舉授本縣教諭遷知夏邑縣紹興府志

宋棠字思賢明易學士多從之講說元舉爲新城簿不赴洪武初以明經名備顧問尋引疾歸自號退翁有

文集及編次唐人絶句精華行世子洵亦有文名舊浙江省志

景星字德輝洪武中以儒士保爲杭州儒學訓導其學特粹於經尤長於春秋宋濂稱其濡齊經腴朝夕不厭所著有四書啓蒙行世萬歷杭州府志兼采滸溪集

案萬歷紹興府志餘姚縣志景星傳俱作晚爲仁和教諭康志作徵爲本府教授杭州府志作杭州府訓導同一儒官也而諸志互異如此朱彝尊經義考引姓譜亦作訓導與杭州志合今從之

楊彝字宗彝別號銀塘生乘牛出入四明洞天遇風景

林壑之美卽箕踞長歗狀其草木水石題詩於上墨光動盪趙謙不喜時彥詩一日讀彝所寄撫几朗誦不能罷遺詩十首皆清新可誦紹興府志

黄墀陳子方與山陰陳性善友善性善死建文之難兩人傷之賦詩曰爲臣眞欲效全忠豈料翻成與叛同北狩緣藏青史筆南還猶是白頭公亦從死崇禎末祔食表忠祠表忠記兼採舊浙江省志

案黄墀陳子方明史附見陳性善傳康志附註云是時有兩陳性善一同邑一同郡同郡者死遜國難同邑者不可考據萬歷紹興府志餘姚陳性善

官刑部郎中子贊孫嘉猷自有傳

劉季篪名韶以字行洪武中進士除行人使朝鮮卻其餽贐帝聞賜衣鈔擢陝西參政陝有逋賦有司峻刑董督民不能輸季篪至與其寮分行郡縣悉縱械者緩爲期民感其德悉完納陝不產硇砂而歲有課季篪言於朝罷之洪渠水溢爲治堰蓄洩遂爲永利建文中召爲刑部侍郎民有爲盜所引者逮至盜已死乃名盜妻子使識之聽其辭誣也釋之吏虧官錢誣千餘人悉爲辨免河陽逆旅朱趙二人異室寢趙被殺有司疑朱殺之考掠誣服季篪獨曰是非夙讐且

其裝無可利緩其獄竟得殺趙者揚州民家盜夜入殺人遺刀屍傍刀有記識其隣家也官捕鞫之隣曰失此刀久矣不勝掠誣服季庬使人懷刀就其里潛察之一童子識曰此吾家物盜乃得永樂初纂修大典命姚廣孝解縉及季庬總其事八年坐失出下獄謫外任逡巡未行復下獄久之始釋命以儒服隸翰林院編纂尋授工部主事卒於官明史本傳

案横雲山人史稿永樂初纂修大典以姚廣孝鄭賜監修命季庬爲之副分省人物考亦云永樂乙酉纂修大典命太子少師姚廣孝禮部尚書鄭賜

監修而擇有文學者一人爲之副遂以命韶討論裁處人多服之是永樂大典之成書其大綱實綜於季篪也明史載總其事者有解縉而無鄭賜與

史稿徵異

錢古訓字古訓洪武甲戌進士調行人是時滇南緬甸與麓川相搆緬人使入貢而訴思倫發於是擇古訓持勅往諭至則宣朝廷威德罷其兵麓川長刀於孟者謀攻其主古訓曰吾以天子使將事邊徼乃弗能靖小醜何以報命天子乎馳入其部責以大義皆稽顙凜凜無敢復逞者思倫發薦方物願留爲援古訓

御不受作書示以不可恩俞發得書駭汗古訓敘次
徼外山川風物爲書還奏之上付史館後知漳郡以
文章飾吏事尋改湖廣參議舊浙江通志
馮本清洪武中鄉貢授監察御史出按蘇松諸郡王指
揮以失機罪應死自陳有殺賊功例當免死法家以
其家富避嫌經歲不决本清曰避嫌以殺人法與情
并失之矣列狀上請王得減死例階辛卯遷福建按
察僉事漳州例納番貨歲計百萬民以地無所出有
鬻子女破家産償官者本清特爲減免與化民爭盜
蘇木事發應死者三百人本清止戮首犯餘釋不問

建寧大水民多溺死本清率屬集公私三百餘艘爲浮梁民賴之改任江西卒於官浙江通志循吏傳

陳叔剛初爲縣從事永樂初舉賢良起爲吏部主事歷郎中性廉潔在官三十餘年居處服御如寒士上方屬意大用叔剛屢乞休勉從之宣德中再被召不起有啟蒙故事陳吏部集行世孫謨舉進士官終提學僉事浙江通志介節傳

李貴昌字用光永樂初進士知伏羌縣縣故無城多寇貴昌爲計度募民城之改知江寧時駕方北幸衆務旁午貴昌料理精敏尚書蹇義薦爲吏部主事扈駕

至京卒於官舊浙江通志

謝瑩字懷玉宣德間授福建布政司都事會閩賊鄧茂七作亂脅從漳州民民畏死欲應之重臣逗遛不敢進乃以土兵委瑩討賊時賊勢猖獗瑩兵寡不敵惟以忠義感激人心漳人聞瑩來皆喜曰謝都事至吾屬得生矣瑩至民擁馬首瑩曰朝廷討賊汝輩良民勿從賊自取勦滅民心始安不數日賊果就擒漳州得免於難後以孫遷貴贈少傅閩書

邵宏譽字德昭永樂甲辰進士拜監察御史稱有風裁用薦擢翰林修撰預脩宣廟實錄正統壬戌同考會

試尋陞福建按察副使時坐閩寇鄧茂七反左遷寇平追錄宏聲功復湖廣按察副使致仕宏聲天性孝友親殁廬墓居官清白囊無遺貲毀譽不形犯而不校寬然長者也分省人物考

柴廣敬名欽以字行幼孤母陶守節教之師事趙謙遇大雪無酒飲又無火炙清言達旦謙嘉其篤志登永樂甲申進士上選進士二十八人爲庶吉士使入中秘讀書廣敬與焉爲文不襲陳言尤善賦冠其儕偶同修永樂大典天下文書皆集廣敬考索過勞卒年三十六分省人物考

宋緒字公傳篤學有志操纂修永樂大典姚邑被徵者五人緒與宋孟徵趙膚廸朱德茂張廷玉書成皆授官緒獨辭曰願歸教授鄉里不願得官上嘉其恬退許之朝士咸賦詩贈行劉季篪曰昔虞仲璐散髮海隅而東都之送殊不藹藹今公傳過之矣東山志

李應吉字惟貞舉於鄉補雞澤教諭乞便養改定海遭喪改蕭縣又改欒城侍郎魏驥薦其文行不報終於金壇教諭嘗上書科舉取士毋用箋註又論革餘姚千戶所時有黑窰匠者主民閒凶事以爲食小民苦之應吉疏其害得禁絕之著先天圖說紹興府志

陳贄字維成父性善刑部郎中贄博極經史作懷二都賦以見志用薦爲儒學訓導浙江左布政使王澤雅重其文行宣德乙卯纂修仁廟實錄郡國當會萃事蹟以上而兩浙十一郡之事贄實總之時稱有史才滿考任翰林待詔陞典籍尋遷五經博士以學士高穀薦陞廣東布政司左參議時黃蕭養之亂甫平撫摩凋瘵極盡仁恤訪縣婺幼稚之被掠者贖還其家瘞兵卒遺骸親爲文祭之景泰癸酉遷太常少卿告歸以別墅在西湖之側遂留家焉與魏驥等爲恩榮會每遇良辰輒偕從弟致仕知縣賔及縣人墨士遊

玩湖山閒所著有和陶詩唐音及西湖百詠行於世分省人物志

許南傑字俊才宣德庚戌進士選庶吉士屢試稱旨賜襲衣授太常博士擢知南安府妖賊孫佛羅倡亂詔籍其黨南傑辨其脅從釋之調知曲靖曲靖多猺人酋長爭立相殺南傑多方調停猺人感服兩郡俱廟祀之子浩桐城訓導瀚尚寶司丞濬國子助教而浩有文學有宋元二史闡幽等書行世何稺季事稿

嚴廸字允迪光之裔也通易春秋二經貢入太學宣德五年出知江浦縣江浦號難治迪一以長者化導之

在任九年以最聞執政奏可大用正統初入覲乞歸晉大理少卿致仕江浦祀名宦分省人物考

潘楷字貴模舉明經除仁和訓導擢御史劾閹人王振左遷通州學正振敗復爲御史致仕饑寒瀕死未嘗少挫其節從弟英字時彥以進士拜南臺御史與同官范霖楊永劾都御史周銓銓自經英亦坐緩霖永謂君可無與英曰英實同事義不獨生會有訟其事者得改戍遼陽景泰改元詔復官而英已死浙江通志介節傳

陳詠字永言幼從父戍居庸正統間魁順天第進士拜

南御史鄭王監國進十四事指切將臣失事誤國者又言勿徙長陵衞卒劾靖遠伯王驥解其兵柄命監軍討鄧茂七餘黨璽書旌之出爲陝西按察僉事母死哀毁卒年纔三十六囊無一錢同官殮之耿九疇歸其喪王竑將祭誄而楮不至曰無用也公生平不取一錢死安事此浙江通志名臣傳

朱縉字廷儀父希亮國子助教縉舉進士拜南御史以剛直見推閱禁兵悉其材力勇怯賞罰明信出爲常德守求利害廢置所宜者張弛稱便在郡六年政平罰清卒於官百姓立祠祀之浙江通志循吏傳

毛吉字宗吉景泰五年進士除刑部廣東司主事司轄
錦衣衛衛卒伺百官陰事以片紙入奏即獲罪公卿
大夫莫不惴恐公行請屬狎侮官司即以罪下刑部
者亦莫敢捶撻吉獨執法不撓有犯必重懲之其長
門達怙寵肆虐百官道遇率避馬吉獨舉鞭拱手過
達怒甚吉以疾失朝下錦衣獄達大喜簡健卒用巨
梃搒之肉潰見骨不死天順五年擢廣東僉事分巡
惠潮二府痛抑豪右民大悅及期當代相率籲留之
程鄉賊楊輝者故劇賊羅劉寧黨也已撫復叛與其
黨曾玉謝瑩分據寶龍石坑諸洞攻陷江西安遠剽

閩廣間已欲攻程鄉吉先其未至募壯士合官軍得七百人抵賊巢先破石坑斬玉次擊鎣截之復生擒輝諸洞悉破凡俘斬千四百人捷聞憲宗進吉副使璽書嘉勞移巡高雷廉三府時民遭賊躪數百里無人烟諸將悉閉城自守或以賊告反被撻有自賊中逸歸者輒誣以通賊撲殺之吉不勝憤以平賊爲己任按部雷州海康知縣王騏日以義激其民賊至輒奮擊吉壯其勇節獎勵之適報賊掠鄉聚吉與騏各率所部擊敗之薦騏遷雷州通判成化元年二月新會告急吉率指揮閻華掌縣事同知陶魯合軍萬人

至大磴破賊乘勝追至雲岫山去賊營十餘里時已乙夜召諸將分三哨黎明進兵會陰晦衆失期及進戰賊棄營走上山吉命滸百戶者據其營衆競取財物賊馳下殺百戶華亦馬蹟爲賊所殺諸軍遂潰吉勒馬大呼止軍吏勸吉避吉曰衆多殺傷我獨生可乎言未已賊持鎗趨吉吉且罵且戰手劍一人斷其臂力絀遂被害是日雷雨大作山谷皆震動又八月始得屍貌如生事聞贈按察使錄其子科入國子監尋登進士終雲南副使方吉出軍時貲千金犒委驛丞余文司出入已用十之三吉既死文憫其家貧以

所餘金授吉僕使持歸治喪是夜僕婦忽坐中堂作吉語顧左右曰請夏憲長來舉家大驚走告按察使夏壎壎至起揖曰吉受國恩不幸死於賊今余文以所遣官銀付吉家雖無文簿可考吉負垢地下矣願亟還官毋汚我言畢仆地頃之始甦於是歸金於官吉死時年四十後追謚忠襄明史本傳

陳嘉猷字世用景泰二年進士授禮科給事中有訓導陳冕以治沙灣決河遷教授及河復決冕自稱能復治工部以爲妄將罪之嘉猷疏爭曰朝廷常降詔求治河方畧未有應者冕故有勞效奈何嫉之置諸有

罪之地覓不足惜恐自此人皆緘口繫國體甚重乞
令覓協同巡撫諸臣設策修築帝從之五年戶部以
鈔法不通議令兩京塌房果園蔬圃及大小市廛月
輸鈔於是人情洶洶幾罷市而是時遠近苦旱潦流
殍塞塗嘉猷率同官言兩京根本地不宜當凶歉之
秋爲擾民之事且云欲足財用在陛下躬行節儉去
冗官汰冗兵省無益之費罷無功之賞停不急之務
禁遊食之民則賦自充安在頭會箕斂絕小民衣食
之源以爲國利帝感其言於是園圃及市廛小者得
免徵天順三年以刑科使朝鮮責其王李瑈與遠州

董山私媾事覺惶恐稽首謝罪還偕行人彭盛册封滿剌加遇颶風破舟漂蕩六日返至海南衛遇救免幣物皆壞易之以行嘉猷再使外藩皆卻其重賚還擢通政左參議成化初進右通政遭父憂詔奔喪畢起視事力辭不許乃赴官退食輒衰廡哀慕毀瘠未終喪而卒萬斯同明史稿

案陳嘉猷不載於府縣舊志而見於明大事諸書史稿據以入傳嘉猷之名不可得而湮沒也人果能自樹立斷不必專藉乎郡邑之志而子孫欲表揚祖父者獨斷斷於縣志之傳奈何不思爲天下

古今共知之人而僅爭此鄉邑之名哉

餘姚志卷二十四

知餘姚縣事唐若瀛修

列傳五

明

謝遷字于喬成化十年鄉試第一明年舉進士復第一授修撰累遷左庶子宏治元年春中官郭鏞請豫選

妃嬪備六宮遷上言山陵未畢禮當有待祥禫之期歲亦不遠陛下富於春秋請俟諒陰既終徐議未晚尚書周洪謨等如遷議從之帝居東宮時遷已爲講官及是與日講務積誠開帝意前夕必正衣冠習誦及進講敷詞詳切帝數稱善進少詹事兼侍講學士八年詔同李東陽入內閣參預機務遷時居憂力辭服除始拜命進詹事兼官如故皇太子出閣加太子少保兵部尚書兼東閣大學士上疏勸太子親賢遠佞勤學問戒逸豫帝嘉之尚書馬文升以大同邊警餉饋不足請加南方兩稅折銀遷曰先朝以南方賦

重故折銀以寬之若復議加恐民不堪命且足國在
節用用度無節雖加賦奚益尚書倪岳亦爭之議遂
寢孝宗晚年慨然欲釐弊政而内府諸庫及倉塲馬
坊中官作奸骩法不可究詰御馬監騰驤四衛勇士
自以禁軍不隸兵部率空名支餉其弊尤甚遷乘閒
言之帝令擬旨禁約遷曰虚言設禁無益宜令曹司
搜剔弊端明白奏聞然後嚴立條約有犯必誅庶積
蠹可去帝俞允之遷儀觀俊偉秉節直亮與劉健李
東陽同輔政而遷見事明敏善持論時人爲之語曰
李公謀劉公斷謝公尤侃侃天下稱賢相武宗嗣位

屢加少傅兼太子太傅數諫帝弗聽因天變求去甚力帝輒慰留及請誅劉瑾不克遂與健同致仕歸禮數俱如健而瑾怨遷未已焦芳附瑾入内閣亦憾遷嘗舉王鏊吳寬自代不及己乃取中旨勒罷其弟兵部主事迪斥其子編修丕爲民四年二月以浙江應詔所舉懷才抱德士餘姚周禮徐子元許龍上虞徐文彪皆遷同鄉而草詔由健欲因此爲二人罪矯旨謂餘姚隱士何多此必徇私援引下禮等詔獄詞連健遷瑾欲逮健遷籍其家東陽力解芳從旁厲聲曰縱輕貸亦當除名旨下如芳言禮等咸戍邊尚書劉

宇復勑兩司以上訪舉失實坐罰米有削籍者且詔自今餘姚人毋選京官著爲令其年十二月言官希瑾指請奪健遷及尚書馬文升劉大夏韓文許進等誥命詔幷追還所賜玉帶服物同時奪誥命者六百七十五人當是時人皆爲遷危而遷與客圍棋賦詩自若瑾誅復職致仕世宗即位遣使存問起迪參議丕復官翰林遷乃遣子正入謝勸帝勤學法祖納諫優旨答之嘉靖二年復詔有司存問六年大學士費宏舉遷自代楊一清欲阻張璁亦力舉遷帝乃遣行人齎手勑即家起之命撫臣敦促上道遷年七十九

矣不得已拜命比至而璁已入閣一淸以官尊於遷無相下意遷居位數月力求去帝待遷愈厚以天寒免朝參除夕賜御製詩及以病告則遣醫賜藥餌光祿致酒餼使者相望於道遷竟以次年正月辭歸十年卒於家年八十有三贈太傅謚文正迪仕至廣東布政使丕鄉試第一宏治末進士及第歷官吏部左侍郎贈禮部尚書明史本傳

黃珣字廷璽孕十四月而生年三十三舉鄉試第一辛卯廷試第二授編修宏治初與修憲宗實錄書成陞侍講充經筵講官進諭德管司業事辛酉升南京祭

酒未任以憂歸孝宗念經幄舊臣特遣官爲營葬事
及諭祭十七年補國子祭酒明年陞南京吏部右侍
郎正德二年陞尚書既而劉瑾以私憾之遂致仕九
年卒於家年七十有七贈太子少保廕其子珣爲人
簡易厚重掌南北太學教養諸生恩義兼至有山西
魏成者家貧不能歸止一女已聘人欲改聘同舍生
爲歸計珣廉知即撥門差以濟之正德初嘗偕尚書
林瀚條六事以裨新政頗見采納其詩文典雅平澹
如其人所著有惕齋稿東山文集素菴詩集分省人物考
王華字德輝成化辛丑進士第一宏治中內侍李廣有

寵華爲日講官嘗講大學衍義至唐李輔國結張后表裏用事誦說朗朗無所避忌左右皆縮頸正德初劉瑾專政士大夫爭走其門華時爲禮部侍郎獨不往子守仁論瑾瑾益怒出爲南吏部尚書尋令致仕旋以會典小誤降右侍郎瑾敗乃復故無何卒華性孝母岑年踰百歲卒華已年七十餘猶寢苫蔬食士論多之明史附傳兼采浙江通志名臣傳

史琳字天瑞成化進士授工科給事中九年出爲陝西右參議鞏昌番賊爲梗率兵掩擊盡降其衆遂出行部自安定歷會寧金蘭抵秦州增斥堠繕城堡以斷

賊路又轉關中之粟以實甘凉轉江西左參政南贛盜起督兵勦捕俘斬甚多宏治中擢保定巡撫尋以僉都御史經畧紫荊等關進右都御史大同邊警以琳提督軍務琳馳至鎮會計兵馬錢糧十四年以保國公朱暉爲大將出宣府都督李俊等爲參將出大同與琳會師延綏覘敵兵所在乘夜潛師直擣河套敵不意大軍驟至驚遁乃毀其廬帳而還入朝陳邊務十三事十七年復與暉治兵京營武宗立代戴珊掌院事卒分省人物考

邵蕡字南阜宏治庚戌進士授通州知州張皇親游歷

天下苛索郡邑金帛毒威以逞士民聞其將至勸蕢豫備蕢曰無害也可製囚車二乘需其來汝輩但一呼衆集靜聽吾指授耳皇親至坐堂上役卒咆哮蕢令納之囚車中而自檻其一北行百姓且乘閒毆其役卒觀者憂之及至京上大嘉悅下其親錦衣衛獘獄中久而太后聞之曰吾不識邵知州何狀乃能如此可令吾一見耶奉懿旨逮蕢則已遷南刑部郎中尋命往南逮之則遷福建遷廣東又遷福建緹騎不能值上知太后怒未除密勅致仕舊浙江通志

邵蕃字文盛成化甲辰進士知建平縣治行第一授御

史提學北直，復爲陝西督學副使。劉瑾與平人有所請托，不應，部推四川參政，瑾矯批致仕。瑾敗，臺省薦不起。孫漳，曾孫夢弼，皆進士。名臣錄

韓廉，字守清。宏治丙辰進士，授任縣知縣。任土隘人瘠，轉徙者半，廉加意拊循，省刑節費，民相率歸附。徵爲廣東道御史。正德初按福建，風裁凜然。漳南盜肆侵掠，督師勦平之。時劉瑾擅權，欲以殘孽冒功脅之，禍福廉不爲動，乃矯詔謫高安縣，已又摘微過逮詔獄。瑾誅事白，稍遷潞州知州，晉山東兵備副使，致仕。浙江通志名臣傳

陳雍字希冉舉進士歷工刑部主事山西副使劉瑾繩不附己者摭拾無得乃以他事罰米者三渾源孫逢吉瑾密戚也子璁怙勢張甚媚瑾者踵集其門治具招雍不往璁思中以禍會瑾敗雍奉詔籍其家錙銖不貸人心快之移廣東按察使部民爭田殺人詞連梁儲子次攄次攄素驁橫然殺人故無與徒以宰相子被重劾莫敢爲雪雍特白之兩宮工興以工部侍郎兼左僉都御史採木窮山深箐無不親歷還治部事遷南工部尚書去初雍祖誠信爲蠡吾吏客死未能歸骨雍入仕後親至蠡吾負歸葬士大夫賢之分省

人物考

孫燧字德成宏治進士歷刑部主事再遷郎中正德中歷河南右布政使寧王宸濠有逆謀結中官幸臣日夜詗中朝事幸有變又刼持羣吏厚餌之使爲已用惡巡撫王哲不附已毒之得疾踰年死董傑代哲僅八月亦死自是官其地者惴惴以得去爲幸燧以才節著治聲廷臣推之代十年十月擢右副都御史巡撫江西燧聞命嘆曰是當死生以之矣遣妻子還鄉獨攜二僮以行時宸濠逆狀已大露南昌人洶洶謂宸濠旦暮得天子燧左右悉宸濠耳目燧防察密左

右不得窺獨時時爲宸濠陳說大義卒不悛陰察副使許逵忠勇可屬大事與之謀先是副使胡世寧暴宸濠逆謀中官幸臣爲之地世寧得罪去燧念詰於朝無益乃托禦他寇預爲備先城進賢次城南康瑞州患建昌縣多盜割其地別置安義縣以漸弭之而請復饒撫二州兵備不得復則請勅湖東分巡兼理之九江當湖衝最要害請重兵備道權兼攝南康寧州武寧瑞昌及湖廣興國通城以便控制廣信橫峯青山諸窯地險人悍則請設通判駐弋陽兼督旁五縣兵又恐宸濠劫兵器假討賊盡出之他所宸濠

瞯燧圖已使人賂朝中幸臣去燧而遺燧棗黎薑芥以示意燧笑卻之逵勸燧先發後聞燧曰奈何予賊以名且需之十三年江西大水宸濠素所蓄賊凌十一吳十三閔念四等出沒鄱陽湖燧與逵謀捕之三賊遁沙井燧自江外掩捕夜大風雨不克濟三賊走匿宸濠祖墓間於是密疏白其狀且言宸濠必反章七上輒爲宸濠遮獲不得達宸濠恚甚因宴毒燧不死燧乞致仕又不許憂懼甚明年宸濠脅鎮巡官奏其孝行燧與巡按御史林潮冀藉是少緩其謀乃共奏於朝朝議方降旨責燧等會御史蕭淮盡發宸濠

不軌狀詔重臣宣諭宸濠聞遂决計反六月乙亥宸濠生日宴鎮巡三司明日燧及諸大吏入謝宸濠伏兵左右大言曰孝宗爲李廣所悞抱民間子我祖宗不血食者十四年今太后有詔令我起兵討賊亦知之乎衆相顧愕眙燧直前曰安得此言請出詔示我宸濠曰毋多言我往南京汝當扈駕燧大怒曰汝速死耳天無二日吾豈從汝爲逆哉宸濠怒叱燧燧益怒急起不得出宸濠入內殿易戎服出麾兵縛燧逵奮曰汝曹安得辱天子大臣因以身翼蔽燧賊并縛逵二人且縛且罵不絕口賊擊燧折左臂與逵同曳

出逵謂燧曰我勸公先發者知有今日故也燧逵同
遇害惠民門外巡按御史王金布政使梁宸以下咸
稽首呼萬歲宸濠遂發兵僞署三賊爲將軍首遣婁
伯徇進賢爲知縣劉源清所斬招窯賊賊畏守吏不
敢發大索兵器於城中不得賊多持白挺伍文定起
義兵設兩人木主於文天祥祠率吏民哭之南贛巡
撫王守仁與共平賊諸逋賊走安義皆見獲無脫者
人於是益思燧功燧生有異質兩目爍爍夜有光死
之日天忽陰慘烈風驟起凡數日城中民大恐走收
兩人屍屍未變黑雲蔽之蠅蚋無近者明年守臣上

其事於朝未報世宗即位贈禮部尚書謚忠烈與逵
並祀南昌賜祠名旌忠各廕一子明史忠義傳

胡東皐字汝登生六歲知向學及長同里孫燧異其文
妻以從妹宏治十八年登進士授南京刑部主事歷
郎中出爲寧國府知府初高帝以寧國有餽師勞盡
免民田租稅官田之半歲久民田盡歸富室小民困
甚東皐請均官田租於民田而官亦應民田役時不
能用後知府劉起宗卒行其議徭役素苦不均東皐
按籍定大戶爲里小戶爲甲以一里統十甲歲一編
審竟歲而代閱九年然後復役人大稱便宣城有金

室圩稱沃壤歲入可百餘萬石圩當大河之衝水溢
輒受害東皐相便宜修築遂爲永利府因山爲城久
而頹圮聞寧王宸濠有逆志度工繕修大治器械爲
備無何宸濠果反攻安慶東皐將卒兵扼其吭旋聞
就禽乃止南陵豪專持有司短長爲奸利涇巨猾囊
橐盜賊禍鄉里東皐悉按誅之池州有告妻殺夫者
御史以屬東皐婦訴殺者盜也久不決乃禱於神夢
一小兒踏兩木而立東皐曰小兒爲童兩木爲林殺
人者爲童林乎遣卒詗之果獲其人一鞫伏辜嘉靖
初遷四川副使分巡建昌貧不能治裝僚屬醵以贖

鍰峻卻之士民傾城送皆垂涕建昌居蜀西徼前使多駐節雅州以故中官將領肆虐無忌東皋親駐其地嚴立約束軍民帖然番賊入寇授指揮陶安方略殲之番人無敢收境上者越嶲有相公嶺路峻險戍兵多墮崖谷死寇亦得據以爲阻東皋爲平其道由是官軍得要害寇不敢發成都至建昌有大渡水湍悍甚日一渡猶不免覆溺東皋相山勢移其處日可數渡無虞人號爲胡公渡內艱去軍民立祠祀焉服除補威茂兵備甫至番賊耿卓孀亂巡撫唐鳳儀檄會討東皋率師爲前鋒斬賊數百級獲牛馬器仗無

算卓由閒道夜遁民被脅者千餘人將吏欲殺以冒功東皋叱之乃止語鳳儀曰賊多丑悍當徐圖之難以兵盡殲也乃罷師還茂州得賊所親信二人厚賞之激以利害二人感悟歸斬渠首以獻邊境始寧鳳儀上其績再賜銀幣進四川按察使及九年鳳儀被名遂舉東皋代會代者已有人乃遷右僉都御史巡撫寧夏東皋周覽形勢知其地多與敵境錯軍民屯種樵牧率爲所擾乃築牆捍之自花馬池至鎮城經賀蘭山抵定邊營延袤三百餘里竝緣墻治塹置墩堡營舍自是塞下之田咸得耕植矣故事歲調漢中

寧羌二衛軍千七百餘人戍寧夏小鹽池邊地苦寒軍多道亡或病死至者十不二三東皐請免調發第徵銀備邊費軍咸德之明年改鄖陽提督太和山中官王敏貪恣劾罷之有武將以賄求薦名語之曰貪者必納汝賄刻者必褫汝官苟非汚人必至害已汝安得爲此杖而遣之張璁重東皐才薦於帝乃召理院事既至朝旅見外未嘗一謁璁璁銜之會南京太廟災諸大臣咸自陳璁在內閣從中允其去家居六年以身任鄉邦利病浙人倚之同縣孫陞語人曰吾邑登顯仕而清貧若寒畯者三人胡公東皐宋公冕

胡公鐸也時因號姚江三廉云萬斯同明史稿

宋晃字公瞻宏治十五年進士授刑部主事正德初劉瑾欲殺一囚而囚無死律晃持之瑾怒謫金谿知縣瑾誅召補禮部歷郎中再遷福建左參政永春流賊起刼捕盜通判以去主者且得罪衆謂非晃不任滅賊乃借晃任之晃選精騎百人挑戰誘之離巢禽其渠數人賊乃歸通判請以易之晃知賊將遯按地設伏盡禽之而推功於失機者俾直前罪人皆服焉嘉靖初歷陝西左布政使織造中官需供費逾額晃折不與中官怒伺其陰事無所得乃悔謝及拜右副都

御史巡撫鄖陽去胡東皐僅浹歲居二年遇疾乞休而劇賊馬興爲亂延及漢中鞏昌冕曰吾不可以貽後人遂進兵會勦賊且滅値代者王學夔至乃就途賊平冕亦與賚久之卒萬斯同明史稿

牧相字時庸少受業於王華華器之妻以女弟令與子守仁同學宏治十二年進士授南京兵科給事中正德元年劉健等求罷相率同官上言謹按禮曰大臣不親百姓不寧又曰大臣不可不敬也是民之表也曩先帝彌留召健等親受顧命未及一年抗章求退豈無故而然哉近朝事紛更政出多門漫無統紀須

示詔旨或不經內閣有雖已擬旨旋復改易者有因事建明未蒙諭允及留中不出者是使輔臣充位而已安得不求退哉望陛下念先帝付托之重每日退朝從容延訪政事機務悉從健等平議而公論是非一付之臺諫庶幾信任專事權一帝不能用尋奉命與御史呂鏜覈南京御馬分給營軍中官李棠拘留不發相等因陳御馬監冒濫之弊言馬止八十九匹歲須芻豆無幾今乃糜耗至倍苜蓿莞豆二園又各有采辦且一軍足飼一馬而今用軍乃至七百餘人復有守庫守倉者三百人悉按月輸錢冗濫至此而

棠敢扞格詔旨專營已私請正其罪奏上未報棠言此洪武初額不可輕變帝即許之相等復劾奏終不納與戴銑等劾劉瑾廷杖除名既歸授徒養母聞民閒利病輒走白有司非是杜門不出瑾誅復官擢廣西參議除書至已前卒家貧停喪十餘載按察使李承勛爲葬之萬斯同明史稿

張懷字德珍正德丁丑進士授禮部主事會武宗南巡伏闕諫沮罰跪門五日杖三十嘉靖初又以議大禮被杖後陞江西參議歷廣東參政所至有廉敏聲浙江通志名臣傳

倪宗正字本端有夙慧精於易學宏治乙丑進士選庶吉士劉瑾以爲謝遷黨出知太倉州歲大水賑濟有法民賴以甦入爲武選員外郎武宗南巡遮道疏畱杖幾斃猶以詩諫上尋悔賜獸錦已出知南雄府世宗追錄言者加三品俸宗正性曠灑不慕榮利早告歸娛情泉石爲詩文攬筆立就鄭善夫方豪亟稱之所著有易說小野集其官太倉也嘗條上封事陳地方利弊得報可後如興水利均田稅諸政行之者數十年太倉民久而思之（分省人物考兼采江南通志）

馮蘭字佩之成化已丑進士選庶吉士仕至江西提學

副使其在京師與李東陽謝遷雅相好遷既歸田與蘭唱和無虚日閒書之以寄東陽東陽亦一一和之是時東陽爲一世宗工而於蘭則敬爲老友各有樂府咏史詩號爲新體浙江通志文苑傳

餘姚志卷二十五

知餘姚縣事唐若瀛修

列傳六

明

王守仁字伯安娠十四月而生祖母夢神人自雲中送兒下因名雲五歲不能言異人拊之更名守仁乃言年十五訪客居庸山海關時闌出塞縱觀山川形勝

弱冠舉鄉試學大進顧益好言兵且善射登宏治十二年進士朝議方急西北邊守仁條八事上之尋授刑部主事決囚江北引疾歸起補兵部主事正德元年冬劉瑾逮南京給事中御史戴銑等二十餘人守仁抗章救瑾怒廷杖四十謫貴州龍場驛丞龍場萬山叢薄苗獠雜居守仁因俗化導夷人喜相率伐木爲屋以棲守仁瑾誅量移廬陵知縣入覲遷南京刑部主事吏部尚書楊一清改之驗封屢遷考功郎中擢南京太僕少卿就遷鴻臚卿十一年八月擢右僉都御史巡撫南贛當是時南中盜賊蜂起謝志山據

横水左溪桶岡池仲容據浰頭皆稱王攻剽府縣而
福建大帽山賊詹師富等又起守仁至左右多賊耳
目乃呼老黠隸詰之隸戰栗不敢隱因貰其罪令詗
賊賊動靜無弗知於是檄福建廣東會兵先討大帽
山賊明年正月督副使胡璉等破賊長富村逼之象
湖山守仁親率銳卒屯上杭佯退師出不意擣之連
破四十餘寨俘斬七千有奇指揮王鎧等擒師富疏
請給旗牌提督軍務得便宜從事尚書王瓊奏從其
請乃更兵制二十五人爲伍伍有小甲二伍爲隊隊
有總甲四甲爲哨哨有長協哨二佐之二哨爲營營

有官參謀二佐之三營爲陣陣有偏將二陣爲軍軍有副將皆臨事委不命於朝副將以下得遞相罰治遂議討橫水左溪十月一軍會橫水一軍會左溪吉安知府伍文定程鄉知縣張戩遏其奔軼守仁自駐南康去橫水三十里先遣四百人伏賊巢左右進軍逼之賊方迎戰兩山舉幟賊大驚謂官軍已盡犁其巢遂潰乘勝克橫水志山及其黨皆走桶岡左溪亦破守仁以桶岡險固移營近地諭以禍福賊首藍廷鳳等方震恐見使至大喜期仲冬朔降而文定已冒雨奪險入賊倉卒敗走諸軍破桶岡志山廷鳳面縛

降凡破巢八十有四俘斬六千有奇乃設崇義縣於橫水控諸猺還至贛州議討浰頭賊仲容遣弟仲安來歸而嚴爲戰守備守仁知其情歲首賜以節物誘入謝仲容率九十三人營教場而自以數人入謁守仁呵之曰若皆吾民屯於外疑我乎悉引入祥符宫厚飲食之賊大喜過望益自安守仁留仲容觀燈樂正月十三日大享伏甲士於門諸賊入以次悉禽戮之自將抵賊巢連破上中下三浰斬馘二千有奇餘賊奔九連山山橫亘數百里陡絶不可攻乃簡壯士七百人衣賊衣奔崖下賊招之上官軍進攻内外合

擊禽斬無遺乃於下洌立平和縣置戍而歸守仁所
將皆文吏及偏裨小校平數十年巨寇遠近驚爲神
進右副都御史予世襲錦衣衞百戶再進副千戶十
四年六月命勘福建叛軍行至豐城而寧王宸濠反
知縣顧佖以告守仁急趨吉安與伍文定徵調兵食
治器械舟楫傳檄暴宸濠罪俾守令各率吏士勤王
集衆議曰賊若出長江順流東下則南都不可保吾
欲以計撓之少遲旬日無患矣乃多遣閒諜檄府縣
言邊兵京兵各四萬水陸並進南贛湖廣兩廣所部
合十六萬直擣南昌所至有司缺供者以軍法論又

爲蠟書遣僞相李士實劉養正敘其歸國之誠令從
臾早發兵東下而縱諜洩之宸濠果疑與士實養正
謀則皆勸之疾趨南京即大位宸濠益大疑十餘日
詗知中外兵不至乃悟守仁紿之七月壬辰朔留宜
春王拱樤居守而刼其衆六萬人襲下九江南康出
大江薄安慶守仁聞南昌兵少則大喜趨樟樹鎮知
府戴德孺徐璉邢珣都指揮余恩通判胡堯元知縣
王冕各以兵來會合八萬人號三十萬或請救安慶
守仁曰不然今九江南康已爲賊守我越南昌與相
持江上二郡兵絕我後是腹背受敵也不如直擣南

昌賊精鋭悉出守備必虛我軍新集氣鋭攻必破賊
閩南昌破必解圍自救逆擊之湖中蔑不勝矣衆曰
善己酉次豐城以文定爲先鋒先遣奉新知縣劉守
緒襲破其伏兵庚戌夜半文定兵抵廣潤門守兵駭
散辛亥黎明諸軍梯絙登縛拱樤等宮人多焚死軍
士頗殺掠守仁戮犯令者十餘人宥脅從安士民慰
諭宗室人心乃悅居二日遣文定珦璉德孺各將精
兵分道進而使堯元等設伏宸濠果自安慶還兵乙
卯遇於黃家渡文定當其前鋒賊趨利珦繞出賊背
貫其中文定恩乘之璉德孺張兩翼分賊勢堯元等

伏發賊大潰退保八字腦宸濠懼盡發南康九江兵
丙辰復戰官軍卻守仁斬先卻者諸軍殊死戰賊復
大敗退保樵舍聯舟爲方陣盡出金寶犒士明日宸
濠方晨朝其羣臣官軍奄至以小舟載薪乘風縱火
焚其副舟妃婁氏以下皆投水死宸濠舟膠淺倉卒
易舟遁王冕所部兵追執之士實養正等皆就禽南
康九江亦下凡三十五日而賊平京師聞變諸大臣
震懼王瓊大言曰王伯安居南昌上游必禽賊至是
果奏捷帝時已親征自稱威武大將軍率京邊驍卒
數萬南下命安邊伯許泰爲副將軍偕提督軍務太

監張忠將京軍數千泝江而上抵南昌諸嬖倖故與宸濠通守仁初上宸濠反書因言覬覦者非特一寧王請黜奸諛以回天下豪傑心諸嬖倖皆恨宸濠既平則相與媢功且懼守仁見天子發其罪競爲蜚語謂守仁先與通謀慮事不成乃起兵又欲令縱宸濠湖中待帝自禽守仁乘忠泰未至先俘宸濠發南昌忠泰以威武大將軍檄邀之廣信守仁不與間道趨玉山上書請獻俘止帝南征帝不許至錢塘遇太監張永永故與楊一清善除劉瑾天下稱之守仁夜見永頌其賢因極言江西困敝不堪六師擾永深然之

曰永此來爲調護聖躬非邀功也公大勳永知之但
事不可直情耳守仁乃以宸濠付永而身至京口欲
朝行在聞巡撫江西命乃還南昌忠泰已先至恨失
宸濠故縱京軍犯守仁或呼名嫚罵守仁不爲動撫
之愈厚病予藥死予棺遭喪於道必停車慰問良久
始去京軍謂王都堂愛我無復犯者忠泰言寧府富
厚甲天下今所蓄安在守仁曰宸濠異時盡以輸京
師要人約內應籍可按也忠泰故嘗納宸濠賄者氣
懾不敢復言已輕守仁文士強之射徐起三發三中
京軍皆歡呼忠泰益沮會冬至守仁命居民巷祭已

上塚哭時新喪亂悲號震野京軍離家久聞之無不泣下思歸者忠泰不得已班師比見帝與紀功給事中祝續御史章綸讒毀百端獨永時時左右之忠揚言帝前曰守仁必反試召之必不至忠泰屢矯旨召守仁守仁得永密信不赴及是知出帝意立馳至忠泰計沮不令見帝守仁乃入九華山日宴坐僧寺帝覘知之曰王守仁學道人聞召即至何謂反乃遣還鎮令更上捷音守仁乃易前奏言奉威武大將軍方畧討平叛亂諸嬖倖乃無言當是時讒邪搆煽禍變叵測微守仁東南事幾殆世宗即位趣召入朝受封

大臣多忌其功會有言國哀未畢不宜舉宴行賞者因拜守仁南京兵部尚書守仁不赴請歸省已論功封特進光祿大夫柱國新建伯世襲歲祿一千石然不予鐵券歲祿亦不給諸同事有功者廢斥殆盡守仁憤甚時已丁父憂屢疏辭爵乞錄諸臣功咸報寢免喪亦不召嘉靖六年思恩田州土酋盧蘇王受反乃詔守仁以原官兼左都御史總督兩廣兼巡撫賜鐵券歲祿守仁在道疏陳用兵之非且言思恩未設流官土酋歲出兵三千聽官征調既設流官我反歲遣兵數千防戍是流官之設無益可知且田州鄰交

趾深山絶谷悉猺獞盤據必仍設土官斯可藉其兵力爲屏蔽若改土爲流則邊鄙之患我自當之後必有悔帝令守仁更議十二月守仁抵潯州會巡按御史石金定計招撫悉散遣諸軍留永順保靖土兵數千解甲休息蘇受初求撫不得聞守仁至益懼至是則大喜守仁赴南寧二人遣使乞降守仁令詣軍門二人竊議曰王公素多詐恐紿我陳兵入見守仁數二人罪杖而釋之親入營撫其衆七萬奏聞於朝陳用兵十害招撫十善因請復設流官量割田州地别立一州以岑猛次子邦相爲吏目署州事俟有功擢

知州而於田州置十九巡檢司以蘇受等任之並受約束於流官知府帝皆從之斷藤峽猺賊上連八寨下通仙臺花相諸洞蠻盤亘三百餘里郡邑罹害者數十年守仁欲討之故留南寧罷湖廣兵示不再用伺賊不備進破牛腸六寺等十餘寨峽賊悉平遂循橫石江而下攻克仙臺花相白石古陶羅鳳諸賊令布政使林富率蘇受兵直抵八寨破石門副將沈希儀邀斬軼賊盡平八寨守仁已病甚疏乞骸骨舉鄖陽巡撫林富自代不俟命竟歸行至南安卒年五十七喪過江西軍民無不縞素哭送者守仁天姿異敏

年十七謁上饒婁諒與論朱子格物大指還家日端坐講讀五經不苟言笑游九華歸築室陽明洞中泛濫二氏學數年無所得謫龍場窮荒無書日繹舊聞忽悟格物致知當自求諸心不當求諸事物喟然曰道在是矣遂篤信不疑其爲教專以致良知爲主謂宋周程二子後惟象山陸氏簡易直捷有以接孟氏之傳而朱子集註或問之類乃中年未定之說學者翕然從之世遂有陽明學云守仁既卒桂萼奏其擅離職守詔停世襲卹典俱不行隆慶初廷臣多頌其功詔贈新建侯謚文成二年予世襲伯爵萬歷十二

年從祀文廟子正億二歲而孤既長襲錦衣副千戶
隆慶初襲新建伯萬歷五年卒子承勛嗣督漕運二
十年號稱職子先進未襲而卒從子先通嗣明史稿本傳
徐愛字曰仁王守仁妹壻也正德三年進士官至南京
工部郎中初守仁被謫歸愛與山陰蔡宗兗朱節從
之學守仁言徐生之溫恭蔡生之沈潛朱生之明敏
皆我所不逮良知之說學者多未信愛爲疏通辨析
暢其指要門人日益親守仁嘗曰曰仁吾之顏淵也
卒年三十一愛及門最先淵和冲粹造詣過宗兗節
遠甚守仁哭之慟一日講畢拊手嘆曰安得起曰仁

九泉聞斯言乎率門人之其墓所酹酒以告之明史儒林傳

錢德洪名寬字德洪後以字行改字洪甫王守仁自尚書歸里德洪偕數十人共學焉四方士踵至德洪與王畿先爲疏通其大旨而後卒業於守仁嘉靖五年舉會試徑歸七年冬偕畿赴廷試聞守仁訃乃奔喪至貴溪議喪服德洪曰某有親在麻衣布絰弗敢有加焉畿曰我無親遂服斬衰喪歸德洪與畿築室於場以終心喪十一年始成進士累官刑部郎中郭勛下詔獄移部定罪德洪據獄詞論死廷臣欲坐以不

執言德洪不習刑名而帝雅不欲勛死因言官疏下德洪詔獄所司上其罪已出獄矣帝曰始朕命刑官毋梏勛德洪故違之與勛不領勑何異再下獄御史楊爵都督趙卿亦在繫德洪與講易不輟久之斥爲民德洪既廢遂周遊四方號召同志與論良知學所至迎謁恐後時士大夫率務講學而德洪畿以守仁高第弟子尤爲人所宗德洪徹悟不如畿畿持循亦不如德洪然畿竟入於禪而德洪猶不失儒者矩矱云穆宗立復官進階朝列大夫致仕神宗嗣位復進一階卒年七十九學者稱緒山先生明史儒林傳

孫應奎字文卿號蒙泉嘉靖己丑進士王守仁撫江西歸率同縣之士七十餘人往師之由是鄉閭教澤浹行爲禮科彈冢宰汪鋐廷杖幾斃鋐竟以此不安其位去轉江西參政官江右者莫不禮嚴嵩門應奎獨不往累陞右副都御史總理河道踰年歸家居三十年紹講良知之學年八十三卒儒林錄

聞人詮字邦正嘉靖丙戌進士從學外兄王守仁嘗危病其兄闇祈死求代未幾闇卒母王氏哭喪明守仁慰曰聞人氏慈孝兼至矣知寶應縣縣南爲氾光湖延袤三百里風濤汩溺軍民病之詮議開越河以衛

漕運輿論不决詮試築一方以一準十工用不煩卒成之遷御史巡視山海關修城堡四萬餘丈論救都御史王應鵬逮入廷杖爲南京提學御史以士無實學校刻五經三禮舊唐書行世又與錢德洪羅洪先等同定陽明文錄世宗幸承天後行宮未撤人心憂其再巡詮上疏撤之出爲湖廣副使歸與楊珂遠遊越歲而返曰吾晚年足跡遍天下粤抵鴈宕閩極武夷齊豫泰岱楚及武當心目殆不凡矣浙江通志循吏傳

管州字子行從王守仁學嘉靖辛卯舉於鄉官兵部司務入直諷咏抑揚尚書怪之會有邊警尚書章皇莫

措州曰古人仕必量力何不引退以空賢路尚書謾語謝之以大計罷歸主教天眞水西二院卒年八十二明儒學案

夏淳字惟初號復母極孝從王守仁學嘉靖戊子舉於鄉時魏校主天根天機之說淳曰天根天機一物二名云靜爲天根動爲天機則可若曰靜養天根動察天機岐動靜而兩之是所執有端矣非所以言性也人服其精官思明同知立社學以禮教爲急明儒學案

胡瀚字川甫七歲端重如成人一日問塾師學孔孟以何入門師異之其從父鐸名語曰儒子願學乎學在

心心以不欺爲主乃著心箴圖就正王守仁守仁曰吾小友也王畿錢德洪皆與交會講天眞書院時主朱學者疑陽明宗王學者論考亭瀚爲指别其補偏救敝之故同學皆服以恩貢就華亭訓導陞崇明教諭歸家築室今山有今山集一百卷行世儒林錄

黄驥字德良父肅按察司副使驥七歲喪母晝像事之慼時流慟奉繼母亦以孝聞父病傍惶嘗糞及沒毁瘠過禮造立冢墓躬自負土丙舍初成雙鵲巢其梁又有野犬爲巡警一夕虎銜豕置於庭而去嘉靖十七年表爲孝子驥從學於王守仁西川尤時熙曰黄

德亙謂陽明先生學問初亦未成因從遊者衆夾持成就如此浙江通志孝行傳

范引年字兆期王守仁弟子講學青田從游日進青田人建文成祠以引年之主配食明儒學案

柴鳳字後愚廣敬孫王守仁弟子主教天眞書院衢嚴之士從學者甚衆明儒學案

案王文成以明體達用之學繼往開來使曠世見大儒之效非後人所能品目也省志旣載文成於名臣又列其名於儒林復列其名於武功進退出入迄無定評況以文成行事合諸省志諸門則直

諫宜入忠臣治行宜入循吏詩文宜入文苑以及孝友義行介節無一門不當分載者約舉三門其可爲定論歟今錄文成本傳及諸弟子傳自爲一卷用唐書昌黎傳後附韓門弟子之例焉康志聞人詮孫應奎入名臣傳黃驥入孝義傳兹並列卷中重師承也文成之教被天下而鄉黨閒尤善承其教流風餘韻久而不衰則知大儒之學沾溉者遠矣嗚呼豈一端所能盡哉

餘姚志卷二十六

知餘姚縣事唐若瀛修

列傳七

胡鐸　陳克宅　孫堪　孫陞
張逵　陳塏　趙錦　張岳
嚴時泰　魏有本　龔輝　王恩
諸觀　邵德久　徐建　毛實
管見　翁大立　陳陞　陳覲

明

胡鐸字時振宏治末舉進士正德二年授刑科給事中

出勘寧夏失事狀持正無私叅將霍忠以下多獲罪會焦芳附劉瑾攻謝遷建議餘姚人不得爲京官出鐸河東鹽運副使瑾敗遷福建僉事分巡建寧典教化辨冤抑巡按御史列其善政二十事以聞就遷提學副使教士先理學諸生化之時王守仁以良知教學者鐸與書曰足下薄宋儒以聞見之知汨德性之知知一而已德性之知不離聞見聞見之知還歸德性怵惕惻隱之心良心也必乍見孺子而後動誰謂德性之離聞見乎人非形性無所泊舍耳目聞見之知德性亦無所自發也大學論修身而及於致知則

固合德性聞見而言之矣守仁不答嘉靖初遷湖廣
叅議遭母憂哀毀盡禮三年不履城市起補河南再
遷雲南左布政使庫有羨金數千吏告此無碍官帑
例得歸公鐸曰無碍於官不有碍於民乎叱之十二
年八爲順天府尹坐鄉試進題稍緩改南京太僕卿
帝一日念之問往常白面府尹安在吏部因推鐸刑
部右侍郎未上卒鐸與張璁同舉於鄉深相得初大
禮議起璁首主考獻王鐸意與合璁要之同署鐸曰
主上天性固不可違天下人情亦不可拂考獻王其
迹似私考不已則宗宗不已則入廟入廟則當有祧

以藩封虛號之帝而奪君臨治世之宗義固不可也入廟則有位將位於武宗上乎武宗下乎生爲之臣死不得躋於君然魯嘗躋僖公矣恐異日不乏夏父之徒也當俟數年後羣情盡洽而後徐以入告默爲轉移以興義起之禮如欲借爲終南之徑則非鐸所敢知也璁議遂上旋被召鐸方服闋赴京璁又固要同疏鐸復書謝之且與辨繼統之義曰禮官之說謂皇上以小宗後大宗宜重大宗置小宗此泥於戴記宗法之論也足下復引大宗小宗爲辨其間不能以寸夫國有統家有宗嫡長子承王者之統其次適爲

族人之宗故宗法爲卿大夫公子設耳君統九族不爲九族宗何也有位則統無位則宗君不與族人爲宗懼褻尊也小宗可以絶大宗不可以不世故以小宗後大宗而禮又謂適子不得後大宗若國統絶而立君寓立賢之意不必論其行輩雖從祖伯叔皆可雖適子亦可繼統與後宗原不同條也子云上以興世子入繼武宗之統非繼武宗之嗣其言精矣天親不可以人爲父改而稱叔姪改而稱子非天敘之典也鐸謂皇上承遺詔遵祖訓兄終弟及之文可謂正其始矣其繼武之統以主宗廟之祀非若宗法必爲

之後而後得奉其祀者故以倫則武宗兄也孝宗伯
考也以位則皆君也皇上以弟代兄以臣道事先君
豈不名正言順何必考孝宗而後爲繼耶但既考獻
王後必有稱宗入廟之事子當豫發其議以爲之防
杜小人逢迎之隙乃爲以道事君者耳璁亦采用其
言大禮既定鏜又遺書曰閣下以一人挽天下已成
之議可謂得行其志矣而禍流縉紳國之元氣從此
傷焉今惟勸上名還議禮諸人養以和平之福斯爲
克終其美若直情任之則申商之續矣璁不能從遂
至爲世大詬鏜與王守仁同鄉而不宗其學與張璁

同欲考獻王而不因以取高位世稱其能獨立焉萬斯同明史稿

陳克宅字卽卿少好讀書父欲令從業克宅隨父園中仆一樹以悟父父曰惜哉且成材而敗之自今任汝所爲遂舉正德九年進士除嘉定知縣有異政徵授御史時坐寧庶人及錢寧江彬詿誤繫獄者甚衆會暑疫四多瘐死克宅及給事中許復禮請覆讞獲釋者二百四十八人嘉靖初出按貴州應天府尹趙文奎先爲貴州左布政使其家僮私納土官安萬鈞賄克宅追劾褫其官四川巡撫許廷光被論部議調貴州

克宅言不當復居憲職廷光坐免時龐政搆亂方議用兵而歲辦物料爲公私擾克宅奏止輸十二行者患盤江瘴氣特裂山開道避之還朝道淮揚見饑民載途書上救荒五策民大獲濟帝將考獻帝帝偕同官力爭復詣闕哭諫有大僚知帝震怒欲起去克宅直前扼其項曰奈何先去爲人望其人愧而止俄繫獄拜杖得釋再按河南按察使張淮者吏部尚書廖紀姻戚也克宅以其不職劾罷之紀不悦出克宅爲松潘副使甫之官有指揮爲番人所殺乃勒鋭卒夜襲其砦焚碉房十餘盡殲之自是番人畏懼咸獻馬乞

降將士乾沒軍餉悉繩以法部内凜然遷河南按察使歷湖廣左右布政使綜核庶務必周屬邑輸課令自掾衡吏旁聊而已十三年擢右副都御史巡撫貴州都勻苗酋王阿向者世據凱口囤屢不靖後率衆攻掠平浪招之不服克宅調兵三萬攻之賊堅守三月不克乃分兵先破其黨凱口諸囤招降旁砦四十九賊勢遂孤宣慰安萬銓乘夜雷雨率所部以懸梯鉤繩魚貫登山絕巔發弩石下擊賊總兵官楊仁亦督諸將仰攻萬銓兵馳下開囤門遂斬阿向及其黨二百五十級俘獲三百六十八人招降稱是諸洞悉平

論功進秩有差克宅旋移撫蘇松諸府既行而阿向黨復叛阿向之先與土官王仲武爲世讐阿向既平用副使林茂竹議逐諸苗以其地隸都勻府募軍民佃種仲武因諸苗失業陰遣招復旋科索之諸苗怨望私推阿向餘孽王聰王佑等爲主謀復故地佑等遂糾黑苗攻陷凱口據之驅逐耕夫大肆殺掠巡撫汪珊檄茂竹及副使陳則清參將李宗佑等進討賊夜乘雨襲破官軍宗佑被圍援不至與指揮陳佐周鍾等俱爲賊所執仲武反潛與叛苗通仁闘敗坐制會城不肯出兵巡按御史楊春芳遣使撫諭賊質宗

佑等求復官還故地春芳以聞乃奪仁職罷克宅候勘茂竹等論罪有差仲武亦下吏未幾珊進兵討賊賊授首推功克宅會克宅已卒乃賜恤典任一子官克宅操行清白當官有器局聲色名利一無嗜子有年自有傳萬斯同明史稿

孫堪字志健爲諸生能文有膂力善騎射父燧死宸濠之難聞訃慟哭挾双率兩弟墀陞赴之會宸濠已禽乃扶柩歸兄弟廬墓蔬食三年有芝一莖九葩者數本產墓上以父死難更墨衰三年世稱三孝子堪承蔭錦衣千戶中武會試第一擢署都督同知善用强

弩教弩卒數千人以備邊歷都督僉事事母楊至孝母年九十餘歿於京師堪年亦七十護喪歸在道以毀卒贈都督同知巡按御史趙炳然上堪孝行得旌堪子鈺亦舉武會試官都督同知鈺子如津都督僉事㮒字仲泉文學通贍以選貢生歷尚寶丞供事內閣理誥勅官至尚寶卿居母喪以毀聞明史稿

孫陞字志高都御史燧季子也嘉靖十四年進士及第授編修進右中允遷國子祭酒其教先器識抑浮競爲格二十二條以勵諸生過撥歷不以權貴請屬有所左右三十年擢禮部右侍郎時徐階爲尚書與陞

相得事多咨而後行尋遷左帝建元佑宫於承天命
陛奉安先帝后有司盛厨傳以待陛悉麾去襄鄧閒
方役民治河而不給廩陛憫之賦詩遺有司役者乃
得食還改吏部母憂歸哀毁若喪父再歷禮吏二部
侍郎時嚴嵩枋國陛其門生也獨無所附麗會南京
禮部缺尚書當用翰林資深者衆皆不欲行陛獨請
往以遠之卒贈太子少保謚文恪陛自少嗜學淹洽
羣籍修身愼行擇地而蹈嘗念父死寧庶人之難終
身不書寧字亦不爲人作壽父文善事母兄居官佩
服雅素口不言人過一時稱篤行者莫先焉四子鏻

鋋鋐鑛仕皆通顯鑨鑛自有傳鋋官至侍郎鋐舉進士由御史至太僕卿萬斯同明史稿

張逵字懋登正德末進士改庶吉士嘉靖元年授刑科給事中滁州判官史道先爲給事中坐許大學士楊廷和下獄尚書彭澤又詆道横議逵上言道以諫官言事本許風聞可也至欲倒持政柄而殺内閣之權澤以議論大臣當存體貌可也至欲因噎廢食而箝言官之口臣皆不知其何見也且今日大臣未嘗面對臣方憂腹心之任不專而論者以爲太重言官罕承諭旨臣方憂耳目之司失職而說者以爲横行嗚

呼衣冠之士自相詆訐因一事之失而傷莫大之體此有識之士所爲仰屋竊嘆也已而疏言陛下臨馭之初國是大定今舉動遂漸乖違昔周穆王唐太宗皆始勤終怠爲後世譏然猶服勤二十年未有若今日詔墨未乾而渙汗隨反治效未臻而弊端旋復者也請畧舉一二言之先朝嘗建新寺崇佛教矣而今日則齋醮繁興先朝嘗變羣小濫傳乞矣而今日則爵賞無紀先朝嘗頒內降疏輔弼矣今政事之不關於宰執者非一也先朝嘗棄法司貶大獄矣今刑罰之不行於近貴者何多也臺諫會奏而斥爲瀆擾大

臣執法而責以回奏至如崔元封侯蔣輪市爵陳萬
言乞賜第先朝貴戚未有若是之恩倖也廖鵬緩死
劉暉得官李隆復遣官勘問先朝罪人未有若是之
淹縱也願陛下絶嗜欲之妄無以怠惰委政柄勤學
問之功無使奸邪竊朝權而一反目前之所爲不勝
幸甚報聞給事中劉最鄧繼曾謫官逵抗疏論救不
聽尋以伏闕爭大禮下獄廷杖時世宗厭惡言官動
遭譴責逵於四年十一月上疏曰近廷臣所上封事
陛下批答必曰已有旨處置是已行者不可言也曰
尚議處未定是未行者不可言也二者不言則是終

無可言也且今日之言者已非陛下初政時比矣初年事之大者旣會疏公言之又各疏獨言之一不得行則相聚環視以不得其言爲愧近者不然會疏則刪削忌諱以避禍獨疏則毛舉纖微以塞責一不蒙譴則交相慶賀以苟免爲幸潛消讜直之氣漸長循默之風甚非朝廷福也章下所司明年進右給事中提督京營武定侯郭勛以奸利事爲巡視科道王科陳察所劾帝慰留勛遂與同官鄭自璧趙廷瑞抗章言勛倚奸成橫用酷濟貪籠絡貨資漁獵營伍爲妖賊李福達請屬爲逆黨陸完雪冤近言官交論臣等

以爲罷斥無疑乃蒙溫旨諭留是旌之使縱也旣復疏言福達誑惑愚民稱兵犯順勛等叛逆背君父罪不容誅乞逮問如律皆不聽尋以言事忤旨黜爲吳江縣丞勛憾之不置必欲害之遂坐福達獄逮問謫戍遼東邊衛居戍所將十載母死不得歸哀痛而卒穆宗初贈光祿少卿萬斯同明史稿

陳塏字山甫嘉靖壬辰進士由行人轉南京給事中劾武定侯郭勛驕恣復劾禮部尚書霍韜與鄉人羣飲郊壇擅取海子魚飲啖松下大不敬帝爲停韜俸四月嚴嵩入內閣塏聞之太息曰嵩憸人也奈何使當

國幸備諫職其可默乎即偕同官王暐御史陳紹等
疏言嵩貪汚狡獪重以孽子世蕃納賄市權寘之政
本必爲國患語甚剴切帝不省然是時帝雖嚮嵩猶
未深罪言者嵩亦以初得政未敢顯肆擠陷埕得以
考滿入京出爲湖廣叅議歷廣東提學副使遷湖廣
叅政嵩修前郤令私人追論其取士失當遂斥歸而
以他事罷暐等官前後論嵩者以次貶黜於是天下
莫不疾嵩矣埕有識鑒好扶植風教試士廣東海瑞
龎尚鵬方爲諸生皆第之高等行部過匡山改張宏
範紀功石書宋少帝及其臣陸秀夫死國於此見者

躋之家居隱約讀書如寒士詩文醇雅有集傳於世

明史稿兼采
分省人物考

案浙江通志陳壁入介節傳舊縣志入文苑傳俱不書其疏劾嚴嵩惟萬斯同史稿載其疏畧明史謝瑜傳亦備述其上疏能官始末壁立朝之大節始得顯著於世云

趙錦字元樸嘉靖二十三年進士授江陰知縣徵授南京御史江洋有警議設總兵官於鎮江錦言小寇剽掠不足煩重兵帝乃罷之已疏言淮兗數百里民多流傭乞寬租徭飭廷臣督有司拊循報可軍與民輸

粟馬得官錦衣錦極陳不可苟清軍雲南三十二年
元旦日食錦以爲權奸亂政之應馳疏劾嚴嵩罪其
畧曰臣伏見日食元旦變異非常又山東徐淮仍歲
大水四方頻地震災不虛生昔太祖高皇帝罷丞相
散其權於諸司爲後世慮至深遠矣今之內閣無宰
相之名而有其實非高皇帝本意頃夏言以貪暴之
資恣睢其間今大學士嵩又以佞奸之雄繼之怙寵
張威竊權縱欲事無巨細罔不自專人有違忤必中
以禍百司望風惕息天下事未聞朝廷先以聞政府
白事之官班候於其門請求之賂輻輳於其室銓司

黜陟本兵用舍莫不承意指邊臣失事率朘削軍資納賕嵩所無功可以受賞有罪可以逭誅至宗藩勳戚之襲封文武大臣之賜謚其遲速予奪一視賄之厚薄以至希寵干進之徒妄自貶損稱號不倫廉恥掃地有臣所不忍言者陛下天縱聖神乾綱獨運自以予奪由宸斷題覆在諸司閣臣擬旨取裁而已諸司奏稿並承命於嵩陛下安得知之今言誅而嵩得播惡者言剛暴而疏淺惡易見嵩柔佞而機深惡難知也嵩窺伺逢迎之巧似乎忠勤諂諛側媚之態似乎恭順引植私人布列要地伺諸臣之動靜而先發

以制之故敗露者少厚賂左右親信之人凡陛下動
靜意向無不先得故稱旨者多或伺聖意所注因而
行之以成其私或乘事機所會從而鼓之以肆其毒
使陛下恩之則其端本發於朝廷使天下指之則其
事不由於政府幸而洞察於聖心則諸司代當受其
罰不幸而遂傳於後世則陛下代當受其訾陛下豈
誠以嵩爲賢邪自嵩輔政以來惟恩怨是酬惟貨賄
是歆羣臣憚陰中之禍而忠言不敢直陳四方習貪
墨之風而閭閻日以愁困頭自庚戌之後外寇陸梁
陛下嘗募天下之武勇以足兵竭天下之財力以給

餉搜天下之遺逸以任將行不次之賞施莫測之威以風示內外矣而封疆之臣卒未有爲陛下寬宵旰憂者蓋緣權臣行私將吏風靡以掊克爲務以營競爲能致朝廷之上用者不賢賢者不用賞不當功罰不當罪陛下欲致太平則羣臣不足承德於左右欲遏戎寇則將士不足禦侮於邊疆財用已竭而外患未見底寧民困已極而內變又虞將作陛下躬秉至聖憂勤萬幾三十二年於兹矣而天下之勢其危如此非嵩之奸邪何以致之臣願陛下觀上天垂象察祖宗立法之微念權柄之不可使移思紀綱之不可

使亂立斥罷嵩以應天變則朝廷清明法紀振飭寇
戎雖横臣知其不足平矣當是時楊繼盛以劾嵩得
重譴帝方蓄怒以待言者周冕爭冒功事亦下獄而
錦疏適至帝震怒手批其上謂錦欺天謗君遣使逮
治復慰諭嵩備至於是錦萬里就徵屢墮檻車瀕死
者數矣旣至下詔獄拷訊榜四十斥爲民父塤時爲
廣西參議亦報劾罷錦家居十五年穆宗卽位起故
官擢太常少卿未上進光祿卿江陰歲進子鱭萬斤
奏減其半隆慶元年以右副都御史巡撫貴州破禽
叛苗龍得鮓等宣慰安氏素桀驁畏錦爲劾命入爲

大理卿歷工部左右侍郎嘗署部事有所爭執萬歷二年遷南京右都御史改刑部尚書張居正遭喪南京大臣議疏留錦及工部尚書費三賜不可而止移禮部又移吏部俱在南京錦以居正操切頗訾議之語聞居正令給事中費尚伊劾錦講學談禪妄議朝政錦遂乞休去居正死給事御史交薦起故官十一年召拜左都御史是時方籍居正貲產錦言世宗籍嚴嵩家禍延江西諸府居正私藏未必踰嚴氏若加搜索恐貽害三楚十倍江西民且居正誠擅權非有異志其翊戴沖聖夙夜勤勞中外寧謐功亦有不容

泯者今其官廕贈謚及諸子官職竝從褫革已足示
懲乞特哀矜稍寬其罰不納二品六年滿加太子少
保尋加兵部尚書掌院事如故以繼父喪歸十九年
召拜刑部尚書年七十六矣再辭不許次蘇州卒贈
太子太保謚端肅錦始終厲清操篤信王守仁學而
教人則以躬行爲本守仁從祀孔廟錦有力焉始忤
嚴嵩得重禍及之官貴州道嵩里見嵩葬路旁惻然
憫之屬有司護視後忤居正罷官居正被籍復爲營
救人以是稱錦長者明史本傳
張岳字汝宗嘉靖三十八年進士授行人擢禮科給事

中巡視內府庫藏奏行釐弊八事治供用庫內官暨
盛等侵盜罪皆論死時徐階當國爲講學之會而楊
博在兵部茁因陳時政極言講學家以富貴功名鼓
動士大夫談虛論寂靡然成風以爲不通其說不入
其門則不足以得志一與之爲徒卽洋洋自喜當其
講會之日語言色笑變態多端一有爵尊善辨者叅
其間衆皆唯唯而莫敢發又今吏治方清獨兵部漫
無振刷推用總兵黄印韓承慶等非庸卽狡曹司條
例殽亂無章胥吏朋奸搏噬將校其咎必有所歸意
蓋指階博也博奏辨乞罷帝慰留之博自是惡茁及

掌吏部岳已遷工科左給事中遂出爲雲南參議再遷河南參政萬歷初張居正雅知岳用爲太僕少卿再遷南京右僉都御史督操江甫履任會居正奪情議起南京尚書潘晟及諸給事御史咸上疏請留居正岳獨馳疏言居正立朝三十年承顏曾幾今不幸喪父無從永訣又不能匍匐奔喪何以解終天之恨且八旬老母失其所天必有難爲情者臣知居正方寸亂矣陛下宜令馳驛奔喪然後趣之還闕則居正雖不及見其父猶幸得見其母致身陛下之前無憾矣居正得疏怒甚時方大計京官給事中傅作舟等

承風指劾茝命貶一秩調外茝遂歸久之擢江僉都
御史呂雚給事中吳瑄知居正憾未釋摭劾茝落職
閒住甫兩月居正死南京御史方萬山薦茝劾作舟
作舟坐斥起茝四川叅議旋擢右僉都御史獻時政
四議言馬市不可久恃恐邊備日弛帑藏日耗宗藩
宜以世次遞殺親盡則停俾習四民之業條鞭便於
富戶不便於小民便於市井不便於窮鄉僻邑此令
不除貪風終不可息治河之策夏鎮固當開沽頭亦
不可廢章下給事中王致祥茝朝陽交章駁之議竝
寢明年四月進左副都御史以上疏評議廷臣賢否

爲給事中袁國臣曲喬遷姚學閔等所論時已遷刑部右侍郎坐罷歸卨雅尚節槩立朝侃侃終以忤時未竟其用爲時論所甚惜明史稿

嚴時泰字應階幼從父賈於楚入籍江夏正德辛未成進士知溧陽縣選御史以仲兄時肅爲楚王儀賓改鎮江同知雲南新設永昌府賜時泰璽書涖府事歷山東廣東福建四川藩臬征安南平白草番行臺薦其廉能且言楚郡主無嗣時泰當內擢遂入爲太僕寺卿擢右副都御史巡撫四川都蠻梗化稱王時泰出奇兵俘斬千餘級捷聞賚金綺陞南京工部右侍

郎致仕歸二年卒貧無以殮有專城稿木山牢盆等集行於世分省人物考

案朱彝尊明詩綜謂餘姚嚴時泰止官鹽運同知而江夏嚴時泰官至巡撫則是一人然雲南通志載餘姚嚴時泰爲永昌知府有聲彝尊謂其止官同知者殆未博考矣萬歷紹興府志作時泰餘姚人入籍江夏舊浙江省志亦載侍郎嚴時泰墓在西湖其時去正德未遠聞見較真是時泰非有兩人也明人多同姓名者以明史考之有兩王守仁一爲姚人謚文成一爲湖廣人世襲百戶有兩趙

錦一爲姚人謚端肅一爲良鄉人嘉靖中仕至兵部尚書有兩張嵒一爲姚人仕至侍郎一爲惠安人謚襄惠有兩孫應奎一爲姚人學者稱蒙泉先生一爲洛陽人同以劾汪鋐著直諫聲其均非姚人而同姓名者尚夥讀明史者當爲詳考

魏有本字伯深正德辛巳進士授行人轉御史劾武定侯郭勛貪恣宜奪其兵柄都督馬永有大將才可代勛忤旨調外任吏部尚書廖紀疏留有本且言馬永有將畧名重邊塞御史言是臺省亦交章如紀奏詔復御史尋按蘇松四郡有風裁墨吏望風解綬去累

遷右僉都御史巡撫河南值歲大祲屢疏賑濟民賴以安時宗祿日增歲計不足請復舊制得減十之四宗藩奏改州爲府割許汝登三州縣益之有本言藩王等威不視州府爲崇卑條其不可者五宗人聚譁卒不可奪秩滿改督南京糧儲民遮道泣送肖像祀之遷南大理寺卿刑部右侍郎進右都御史督漕儲議淵東改折八蒙其利引疾歸卒贈南京工部尚書分省人物考

龔輝字實卿嘉靖癸未進士授工部主事以營仁壽宮命督木川貴輝至貴州以木不中程奏罷之而專事

四川得大木五千株部檄欲再倍其數公私俱困民情洶洶輝上言巨木在深島窮谷必緣崖懸橋而出連歲兵荒民困財匱殊可憂也因繪山川險惡轉運艱苦狀一十五圖條說具奏得停止遷陝西提學副使隨晉參政歷廣西按察使右布政使以征蠻功賚銀幣轉湖廣左布政使擢右副都御史提督南贛軍務巨寇劉庭遜等據懸繩苦竹白葉三巢分道流刼輝行十家保甲法陰檄漳南嶺北分布犄角率師三路夜叩壁門賊不及備遂平懸繩之巢二巢亦以次勦定移總督漕運兼鳳陽巡撫時河流忽東南注淮

城市岌岌衆議上聞輝曰民命在旦夕可循故事待進止乎亟下令就決所築隄實土於破舟沈之旋下捷石隄成淮人賴之陞大理卿工部侍郎改南京致仕卒贈右都御史獻徵錄

王恩字克承成化丁未進士宏治中任揚州知府禮賢正俗革緇黃止侈費逐奸隸及禁部使毋得侵民上下便之歲饑請移商鹽留免運用助不給又取貯庫解京馬價擇貧民分糴江湖米驗口分給民賴以甦自劾擅移之罪請俟豐年徵補尚書劉大夏覆奏免徵祀揚州名宦歷官布政使南畿志

諸觀字民贍成化進士以工部員外郎歷瑞州知州嘗自誓曰貪墨之吏猶不貞女一有點汚何以見人時有訟者暮夜饋金不受卒寘之法後以忤時貴謫南安志西江

郜德久字原可以舉人知六安州築塘引芍坡之水灌溉州田民享其利善平反大獄邸某以父宦浙東橫於鄉里治之不少貸興學課行士習丕變擢工部員外郎出知郜武府革里甲煩征節庫役冗費流賊攻城親集義兵調遣沿城巡督不避矢石賊退城光泰二縣建西北萬年橋郜武人久而思之江南通志兼采閩書

徐建字曰中由鄉貢令福清中使以采辦至勢薰灼建力抗之騰牘巡察諸司中使爲奪氣改知古田歲賦故輸米福清倉後議改折民稱便而衞官薄其價倡危言求益建力白當事得從前議縣坑場之守有三曰龍嶺曰游家皆設官軍百餘人附以民兵守之去縣二百里曰寶興近三峯禹溪視諸坑爲衝舊設官軍五十人嘉靖七年礦賊犯縣巡按御史移寶興官軍守游家坑久之賊犯寶興奔水口焚掠無所忌御史議增設機兵百人建以邑小兵餉無所出白當事曰寶興要害地也官軍既復則水口民兵可無增設

三峯禹溪有備則龍嶺游家水口亦可無患請改龍嶺游家民兵五十人衛水口而抽龍嶺莞洋之兵駐三峯禹溪之兩隘當事從之由是民不加編而守禦固其去也民祀之閩書

毛實字世誠宏治中知高郵州有治才不爲衝要所困高郵俗富而侈訟通賄賂實申嚴禁令門無私謁巨璫蔣某來自南都需索少不遂輒榜掠吏民莫敢誰何實廉知舟中多非法物先遣邏吏掩得之蔣賜謝罪而陰捃摭以聞實亦抗疏自白上知其枉置不問高郵新開湖險惡舟行苦之實白於侍郎白昂奏開

四十里以艱歸州人祀之官至刑部郎中揚州府志

案王恩諸觀徐建毛實舊志不爲立傳邵德久附見孝義傳然其仕蹟見於他省之志不可沒也人物固以鄉論爲憑若畏壘之思所至久而不忘者尤足重矣今據見聞所及次第補入後倣此

管見字道夫以進士爲常州府推官風檢嚴峻豪強斂迹寃獄多所平反崇明劇盜流刼瀕江州邑奉檄勦捕不旋踵殲滅殆盡攝宜興武進無錫縣篆所至有聲徵治行第一擢吏科給事中轉兵科監壽陵工時戶工二部建議加賦見抗疏極陳利害上是之以疾

乞歸起補禮科疏止車駕謁陵又條陳邊藩事著爲
令辛丑正旦日食詔議行朝賀及停止衆莫能決見
請擇日行之則敬天愛君斯爲兩得矣擢廣東右叅
政以疾歸卒年七十二分省人物考
翁大立字儒參嘉靖十七年進士累官山東左布政使
三十八年以右副都御史巡撫應天蘇州諸府被劾
罷久之起故官巡撫山東遭喪不赴隆慶二年命督
河道朱衡開新河漕渠便利大立因頌新河之利有
五而請濬回回墓以達鴻溝引昭陽之水沿鴻溝出
留城以溉湖下腴田千頃未幾又請鑿邵家嶺令水

由地瀆溝出境山入漕河帝皆從之三年七月河大
決沛縣漕艘阻不進帝從大立請大行賑貸大立又
請漕艘後至者貯粟徐州倉平價出糶詔許以三萬
石賚民大立以下民昏墊閭閻愁困狀帝莫能周知
乃繪圖十二以獻且言時事可憂更不止此東南財
賦區而江海泛溢粒米不登京儲可慮一也邊關千
里悉遭洪水墩堡傾頹何恃以守賊騎可慮二也畿
輔山東河南霪雨既久城郭不完寇盜無備内地可
慮三也江海閒颶風鼓浪舟艦戰卒悉入波流海防
可慮四也淮浙鹽場鹹泥盡沒竈戶流移商賈不至

國課可慮五也望陛下以五患十二圖付公卿博議
速求拯救之策帝留圖備覽下其奏於所司當是時
黃河既決淮水復漲自清河縣至通濟閘抵淮安城
西淤三十餘里決方信二壩出海平地水深丈餘寶
應湖堤往往崩壞山東沂莒郯城水溢從沂河直河
出邳州人民多溺死大立奔走經營至四年六月鴻
溝境山諸工及淮流疏濬次第告成帝喜錫賚有差
時大立已陞工部右侍郎旋改兵部爲左爲給事中
宋良佐劾罷萬曆二年起南京刑部右侍郎就改吏
部明年入爲刑部右侍郎再遷南京兵部尚書六年

致仕歸明史稿

陳壂字晉甫父煥正德丁丑進士歷廣西參議江西布政使有惠政終光祿卿壂少從塾師授書再讀不忘從兄壇問其志曰異日願爲好官耶爲好人耶壂曰好官不如好人壇甚異之登嘉靖辛丑進士翰林院編修時詞臣撰西苑青詞多躐取相位壂獨辭不爲惟恪守其職纂修會典兼掌內外制晨夕不倦累遷侍讀學士薊鎮被兵勅守皇城受知於帝擢禮部右侍郎以艱歸服闋起南京禮部左侍郎奉詔修鳳陽祖陵卒於道贈禮部尚書謚文僖分省人物考

陳覲字忠甫嘉靖己未進士授兵部主事遷員外郎郎中飭治戎政莫敢干以私出爲湖廣兵備副使會新寧猺人寇掠江廣詔討之覲以兵餉不足而與蠻夷從事邊鄙重傷民命乃遣使者招撫諭以威信猺人面縛降願受約束歷東賊黄潮桓等流刼郴州桂陽督兵擊之斬獲百餘招降其餘黨廣西賊韋銀豹等駕樓船泝衡永江大掠諸郡又督兵殲之猺人既平則爲給土田修城垣與學校衡永人立祠祀之陞雲南左叅政以勞瘁卒獻徵録

食貨六 卷二十六 三

餘姚志卷二十七

知餘姚縣事唐若瀛修

列傳八

成器　黃璽　張震　孫文

黃濟之　夏子明朱禮　孔　徐守誠　楊榮

諸燮張元　于震　謝廸　徐珊

楊珂　鄒大績　胡安　黃尚質

黃韶　駱用卿　李槃　葉逢春

蔣坎　邵時敏　諸大倫　施德禎

邵昕　周瑄　盧璘　楊宏科

史記勳　謝志望　胡夢雷　杜文明　杜槐　祝國泰

沈堯孚　趙世美　趙埙　黃日中　黃翊

明

成器性慷慨正統中劉球以直諫死器聞之即邑中龍泉山頂爲壇祭之祭畢以餕須諸同志其祭文歷述古今權奸之禍凡二千餘言人謂之祭忠文今其地爲祭忠壇比諸謝翺祭文山之西臺洵義士也王圻續通考

案東山志胡伯常字恒夫爲人慷慨重氣節亦能文與成器交最篤時稱姚江二義士家頗饒客至

具餼必豐腆斗米斛粟常惠其鄉人劉球被害伯常爲文率成器等同志數人登龍山祭之云據鄭氏今言凌氏名世類苑諸書並述成器祭忠臺事而未嘗及胡伯常豈討論者之失歟今附見姓名於此詳見古蹟考

黃璽字廷璽兄伯震商十年不歸璽出求之經行萬里不得蹤跡最後至衡州禱南岳廟夢神人授以纏綿盜賊際狼狽江漢行二句一書生告之曰此杜甫舂陵行詩也舂陵今道州曷往尋之璽從其言既至無所遇一日入厠置傘道旁伯震適過之曰此吾鄉之

傘也循其柄而觀見有餘姚黃廷璽記六字方疑駭璽出問訊則其兄也遂奉以歸明史孝義傳

張震農家子生周歲父爲人所陷將死囓震指語曰某吾讐也汝勿忘震長而指瘡不愈母告以故震誓必報其友謂曰汝力弱吾爲汝殺之未幾讐乘馬出友以田器擊之卽死震喜走告父墓已而事發有司傷其志減死論戍遇赦歸明史孝義傳

孫文幼時父爲族人時行箠死長欲報之而力不敵乃僞與和好共武斷鄉曲時行坦然不復疑一日值時行於田閒卽以田器擊殺之坐戍遇赦獲釋明史孝義傳

黃濟之字世美二歲母喪失懽於繼母秋穫時輒使之露守山田多虎不避而往父從軍陝西力請代役途遇盜自陳情欸盜不加害父母沒廬墓有白鳩之祥宏治中奉詔旌浙江通志孝友傳

夏子明鳳亭鄉農夫事父母甚孝母死芟舍墓側夜則往宿且歸視父晝出力作歲時以爲常父死廬墓終身又有朱孔禮者傭賃養父父死毁瘠而卒浙江通志孝友傳

徐守誠字成之宏治進士授南兵部主事尋執父喪廬於墓有馴虎甘露之異鄉人名其山曰慈山服除補

刑部與四方名士相討論學益進嘗陳時政十餘事多見采納出爲湖廣僉事理冤釋枉不避權勢遷山東參議以疾歸守誠孝友廉介非其義一介不取歷官二十餘年室廬僅蔽風雨有慈山雜著數十則爲學者所誦浙江通志孝友傳

楊榮字時秀成化壬辰進士以工部都水主事視河壽寧坐事下獄釋歸尋卒榮工詩會試舟中取唐音和之月餘成帙一時風尚和唐音者累累而榮能得其風致浙江通志文苑傳

諸燮字子相少卓穎負奇氣工舉子業與同邑張元齊

名嘉靖乙未進士除兵部主事守山海關以簡伉忤巡撫謫荼陵州同知不赴任歸僑居錢塘榜曰梅隱謂如梅福隱吳市云遠近士慕燮經學執經受業者不下百人燮喜因不復有仕進意踰年量移潮州府通判所知勸之仕始隨牒往三年晉邵武同知寬簡馭下勤於勸學岷士胥懷之以艱歸有自閩負篋來依止者燮館穀之不靳也丙午終服從游者益衆開化諸士請傳經於其邑六月返棹過嚴陵濯足灘上溺死燮深於經學然恥立門戶脫畧自喜不耐羈縛恒布素行街市中若無名秩者元字以貞與燮同年

進士官泉州推官耿直絕干請終衡州府同知浙江通志文苑傳兼採分省人物考

于震字孔安正德丁卯鄉貢讀書博古尤深於易晚爲詩亦工仕終福安縣知縣未仕時家故貧常授徒自給既致仕歸亦無所增人稱其廉所著有東溪類稿門人楊撫修邑志謂吾師東溪先生出手稿讀之足方信史蓋頗本之震云子廷寅登嘉靖壬辰進士紹興府志

謝迪字于吉少與從子丕並以文學著聲登進士授職方司主事轉武選員外郎善理文移揮遣中要領正

德初忤劉瑾罷歸嘉靖間起爲江西右叅議南昌民
有謀殺兄而誣其嫂者有司莫能决咨爲踪跡竟得
其狀遂伏辜移九江兵備副使建議城彭澤除法令
煩苛務爲綏輯葺陶靖節狄梁公祠曰風化所關不
可廢也轉河南按察使風裁肅然獄無滯囚擢廣東
布政使以貢院隘陋拓而新之入覲卒於途分省人物考
徐珊字汝珮嘉靖壬午舉人從王守仁學癸未會試策
士以心學問陰闢守仁珊嘆曰烏能昧我之所得以
逢時好乎不對而出聞者高之曰尹彦明後一人錢
德洪亦不第與珊俱歸守仁喜曰聖學從此明矣吾

學既非天下必有起而求真是者珊深然之後官辰州同知儒林錄

楊珂字汝鳴號秘圖從王守仁講學不以科舉爲事自放山水間天台四明題詠殆遍祠宇觀側石橋時爲暴漲所壞珂書醉臥石三字於上水亦迂道避之其書法與徐渭齊名浙江通志文苑傳

鄒大績字有成從學王守仁父鵠病侍疾盡瘁及卒廬於墓側風雨不蔽虎爲遁去紫芝生墓右一本三秀每號泣烏鵲羣鳴若助其哀者鄉里以爲孝感奉旨旌表子木母病割股人稱世孝浙江通志孝友傳

胡安字仁夫嘉靖甲辰進士幼雋異讀書一目數行嘗作瑞雪表云六花飛而六出共欣六合同春三白映於三冬預卜三農有慶居官以儒術飾吏治縉紳多稱之終陜西參政所著有說約篇鈎位篇趨庭集樂山集紹興府志

黄尙質字子殷嘉靖乙酉舉人知息縣事民曾珣兄弟訟產尙質手書常棣章與之曰熟習之始爲若理越數日召之前尙質發明詩義慷慨嗚咽兄弟感動流涕不待終章相讓而去遷守景州六載不調尙質少與呂本爲友本爲相終不以尺牘自鳴自免歸偕同

邑楊珂上虞葛旦歌咏山水閒尚質與珂兼擅繪事爲時所重舊浙江通志

黃韶字九成進士官至江西提學僉事與張瑯桑悅唱和有道南十景詩傳於世子嘉仁詩尤秀潤不爲時尚所移族子海字百川亦以詩著聲倪宗正亟稱之舊浙江通志

駱用卿字原忠正德戊辰進士累遷兵部員外嘗奉使山西題詩韓信廟李夢陽見之曰題淮陰廟絕唱也士大夫作詩板懸之用張孚敬薦卜地永陵用卿仕宦不得志嘗嘆曰天生駱兩山顧作相地術士乎兩

山其自號也舊浙江通志

李槃字用甫萬歷庚辰進士授湖廣推官治獄多平反奄人過境驕橫槃獨與亢禮引疾歸起官赴都上疏觸時忌謫盂縣典史遷知鎮原縣韓王徵積逋於民槃謁王言民疾苦悉蠲之善風角巡撫閱武風折大纛槃曰此必有以下犯上者亟白巡撫申嚴城守未幾劉弁賊其帥率衆叛鎮原以有備無恐以艱歸薦不復起槃精鑒別識曹於汴歐陽東鳳於諸生中後皆爲名臣居鄉雍睦所著有顧學邇言諸書紹興府志

葉逢春字叔仁嘉靖乙丑進士出高拱之門拱以衆人

遇之有言逢春能文者拱未之信後見其所撰亭記乃大嘆賞時逢春方倅撫州即擢爲工部郎崑山歸有光工古文辭拱亦自郡倅擢入太僕天下以此稱拱逢春守郡數擊强宗家居儉貴絶請寄孤立行一意有工部集十六卷行世紹興府志

蔣坎字養孚嘉靖進士授武庫司主事時重建三殿命坎董其役覈奄人之占役冒支者申明職掌忌者莫能中累遷車駕郎中曾銑議復河套詔廷議椎顧莫敢先發坎獨上書言十七事報寢出知瑞安府俗好訟判決無滯巨猾熊騰案中上高黄令以危法坎召

其縣父老讞之，遂全黄而誅騰峯，民快之。以艱歸，起知臨江府。歲亢旱，禱雨輒應。郡中多刼殺耕牛，計捕之，盜屏迹，以亢直罷歸，卒年六十四。分省人物考

邵時敏，字伯來，嘉靖舉人，知天長縣，築馬埠堤數百丈，建二石橋以便民，民呼其堤曰邵公堤，橋曰邵公橋。改知桃源，俗彊悍，時敏導善而懲其凶暴，積習爲之變。易仕終廣東兵備道。江南通志

諸大倫，號白川，萬曆八年由兵科給事中謫知東鄉，廉能仁愛。民苦虚糧賠累，大倫力請丈量田畝，既平隱占，悉清修費，舍建義學，興廢舉墜，民立祠祀之。西江志

施德禎字天瑞正德六年進士知崑山縣遭水患悉屏隷卒親詣鄉保察被災者蠲其租平居自奉儉約性剛果摧挫權勢以是罹謗疽發背卒貧不能殮僚屬爲具喪而歸蘇州志

鄒昕字宏敞以薦辟授長洲縣丞長洲賦重前此官丞者困於催科或至厲民以求稱職昕獨以德化召大姓開諭利害鞭笞不施而歲額如期畢登九載秩滿巡撫周忱知府朱勝上章交薦擢崑山知縣以父喪歸已而崑山逋賦幾百萬又交奏起昕乘傳復任歲餘逋賦復完昕赴吏部改除贛縣又以母喪歸復除

休寧縣自陳老疾致仕蘇州志

周亶景泰初丞南海上官以爲能每倚任焉初設順德縣亶相度土宜遂擢知縣經營規畫多創始之功時大盜初平俗尚獷猂亶嚴什伍之法奸不能容其治務在富民春日循阡陌行歌相答居一載卒祀名宦廣東通志

盧璘字秀夫嘉靖中進士知肇慶府剛直自持省浮費創修郡志鉅政畢舉時督府移鎮於肇慶四至大羅山殫思贊籌轉餉不匱議立廣寧縣璘之力也擢福建運使廣東通志

楊宏科字意白萬歷進士爲新淦令時凶歲洊至宏科散財發粟極力撫循之盜賊流刦諸鄉捕治其首惡無所株蔓淦賴以寧江西通志

史記勳字稽叔萬歷癸未進士爲南刑部主事累遷重慶知府時楊應龍反記勳主勦朝方厭兵慮其中梗移守彰德歲歉請折漕米數萬又發贖鍰以賑境內得安浙江通志循吏傳

謝志望字見甫國子生胡夢雷諸生倭賊自海上蔓延姚嵊志望等與知事何常明分道率鄉民禦之倉卒遇賊於四明之中嶺及三界五婆嶺諸所頗有斬獲

後竟以矢盡力竭並遇害事聞詔贈志望太僕寺丞
夢雷廣德州同知浙江通志義行傳
杜文明嘉靖乙卯五月倭賊犯餘姚境文明同其子槐
練鄉兵爲守屢立戰功槐斬魁一人從賊三十二人
力竭而死賊亦敗走十月賊寇寧波文明從主簿畢
清率鄉兵禦之遇賊於奉化楓樹嶺並戰死紹興府志
案明史稿杜槐傳作慈溪人防海類編杜文明作
餘姚人槐作慈溪人似未考文明與槐乃父子也
今考嘉靖浙江省志作餘姚省祭官杜槐追及倭
於鳴鶴塲戰死鄉人卽其地立廟其時倭患初平

見聞嘗得其實明史稿及防海類編因其廟在慈溪遂以爲慈人耳

祝國泰武進士管瀏州中軍拊士卒有惠愛海寇掠欽州至龍門國泰領兵衝之殺賊百計賊益衆來圍或以衆寡爲言國泰厲聲曰龍門乃欽之咽喉萬一有失不重誤欽人乎寧死無退迎敵奮戰會潮淺船膠遂遇害剖腹焚屍瀏州游擊張某立廟祀之廣東通志

案祝國泰死事最烈而舊志不爲立傳近時撰東山志者祇云國泰字鳳池萬歷武進士歷官福建欽總而不詳其生平僅誌一鄉之事乃佚此死節

之臣殊不可解

又案東山志云陳孔教字齊生居臨山以萬歷鄉魁授南雍學正遷錦衣衛經歷轉主事出監荊南稅務胥吏不能爲奸累擢至川南道轄敘瀘等府州庚辰冬張獻忠陷瀘州率義師赴之遇賊於南溪衆寡不敵力戰死之監軍萬元吉兵至立石站急救之不及兵憲周夢尹以事聞贈兵部右侍郎

又云陳公孔教分巡川南時獻賊猖獗因遣妻孔氏與其子以衡歸且授孔七首曰脫不幸遇賊弗爲所汙孔拜受之比至家坐臥不暫離後以衡得

公訃懼母之必且殉公也秘之一日孔閱以衡書簏得周兵憲請卹疏號慟入室即引所授匕首斷喉死今考浙江通志紹興府志俱云孔教山陰人孔氏入山陰列女傳未知東山志何據或世居臨山而遷於山陰志亦未言其詳也姑附見於此

沈堯孚字子賢同舍某被逮甚急堯孚百計脫之某自分無可報而陰使其妻夕焉堯孚驚起趨戶外叱曰吾以義脫汝而汝以不義汙我何遽引避去終身未嘗洩其事昆季五人當析箸取其瘠者羣從子弟悉授室成立之里有緩急各厭其意而去後以孫應文

貴累贈大理卿紹興府志

案浙江通志義行傳沈堯孚誤作宋人

趙世美字國用性頴悟嘗省從父塤於桐城縣有疑獄未決世美從旁一言而定以術官御醫從兄錦劾嚴嵩下獄并逮世美榜掠之辦不屈語多侵嵩時楊繼盛在獄世美與定交忘其身之在囹圄也隆慶初復官疏論內侍再下獄其亢直如此塤字平仲知桐城縣多惠政遷雅慶同知孤立狷介號趙鐵面時征封川麒麟白馬山轉餉數百人部兵者欲掩殺爲功塤力止之仕至參議所至有循蹟錦既以直諫著聲而

世美復以畢官見節操世稱其門風之盛舊浙江通志

黄曰中字鯤溟以教授爲大師三吳弟子經其指授者皆爲名士每試出私第其高下榜發無不合者及爲鄉官邑之利害晝然不稍假借令昵一皂隸爲民害曰中以治生帖投皂隸皂隸大驚不敢肆惡有逆黨越境追人曰中擒其僮客撲之曰吾非撲汝聊以此捧寄汝主耳曰中有喪縣令弔於墓曰中謂之曰明府以春秋起家尚不識郊弔之非乎不敢受也其剛方類此舊浙江通志

黄翊字九霄工近體詩能書竹莿家居引泉爲池蒔菊

百本朝夕嘯咏前後以書畫名者徐蘭字秀夫行書學趙孟頫善畫蒲桃鄒魯遺署書學張即之黃謨字廷直工畫山水宏治中以試畫授官邵節善畫翎毛傳林良之術閩人藎字仲璣善畫山水舊浙江通志

[illegible] 卷二十 三

餘姚志卷二十八

知餘姚縣事唐若瀛修

列傳九

吳道光　鄭伯乾　葉鳴　楊山

胡㮣　徐子時　孫一鳳　邵宏裘

趙元明　孫錮　張槐

明

聞人韺字以和正統壬戌進士授御史監龍江關榷場錦衣指揮馬愼家人以貨至關怙威滅法韺循例榷之不貸又疏禁革抽分弊病以同劾都御史周銓謫雲南定西嶺驛丞以艱歸復調安慶呂亭驛會承天門災詔振幽滯擢知吳縣蒞務正已直法巡海翁都督梅太監縱左右爲虐悉擒置獄舊志

戚瀾字文㴋景泰進士庶吉士編修與李賢彭時纂修
一統志書成告歸瀾善諧語郡中廳事懸牧愛二字
瀾曰吾自下望之乃收受也與司成陳鑑投壺鑑戲
曰戚影投漆壺真壺也假壺也瀾應聲曰陳鑑看臣
鑑善鑑與惡鑑與滑稽如此舊志

汪澤字公溥宏治庚戌進士除工部主事分署清江疾
困猶視事竟不起初與計偕有同年張明遠卒于京
爲罄裝齋棺斂自奉寒素扁所居曰咬菜謝遷貽詩
有淵源家學非綿蕞清苦官箴只菜根之句著西湖
賦夢梅集南峯稿藏于家萬曆舊志

夏廷器以鄉舉補平定州學正平定僻陋無文學廷器作石樓書院集諸生誘進之科貢士遂與大州等平定祀之學宮萬歷舊志

邵煉字德成正德辛巳進士歷雲南僉事臨沅民苗錯居號難治煉結以恩信皆悅服土酋搆亂往撫旬日而定遷副使備兵南贛廉靜不攖引疾歸卒年八十四弟騰子基兼舉進士萬歷舊志

史立模字貴宏正德辛巳進士授行人選兵科給事中歷惠州知府與張孚敬同年夏言同官交最密及議大禮立模不附以言事謫外兩人相繼居首揆又絕

書問浮沉十餘年以知府上計卒于家子自上平陽府同知孫元熙江西按察司僉事舊志

鄔德容字原廣正德甲戌進士仕至刑部主事與弟德久友愛同居五十年閨門肅穆爲世羽儀萬曆舊志

丁克卿字嗣毅嘉靖辛卯舉人謁選知安州值水災活飢者無算以艱去父老人持百錢泣送不受補和州值旱不待蒞任而禱雨立應民呼爲隨車雨遷永寧丞致仕著周禮集要嘗館於桐川同邑葉選就宿克卿中分其徒與之寒士嘆爲難及舊志

呂本字汝立初姓李其後奏復嘉靖壬辰進士庶吉士

授翰林檢討南司業七年晉宫坊上方銳意總攬本
考順天試題禮樂征伐自天子出治以一統爲盛勢
以不移爲尊破之上丹鉛其句有意大用晉兩雍祭
酒己酉廷推閣員本在六人之末特簡少詹入閣辦
事歷十三年躋少傅丙辰充會試總裁復掌吏部城
江南爲鄉里保障辛酉丁艱回籍萬歷癸未年八十
命有司存問又四年卒贈太傅謚文安舊志
諸演字宗易嘉靖丙戌進士以主事擢御史大興隆寺
災上疏請順天心絕異端毀佛像遷姚廣孝於興善
寺巡按廣西平猺亂又上疏劾嚴嵩遷江西清軍道

卒。舊志

楊撫，字安世，正德辛巳進士，終湖廣提學副使。工古文辭。其知濟南時，李攀龍爲諸生，撫鑒其才，由是知名。嘉靖中，同胡進士膏、岑處士原道纂修邑志。原道亦博聞强識士也，負氣不修小節，晚乃入趙文華幕，遂損名。萬歷舊志

金蕃，字世章，嘉靖辛丑進士，令華亭，以艱歸，再令順德，歷刑部郎，守岳州，所至以廉稱。會入覲，藩臬守令有時譽者，嚴世蕃索先宴享，人以得與爲榮，玉帛惟恐不重。蕃以二帛報之，大恚，遂罷歸。居數廛，僅蔽風雨

角巾道袍自號嘉遯山人舊志

郤稷字伯嘉嘉靖甲辰進士知蕪湖縣有權署商人百貨既集權關主事率知縣按其數分其羨餘沿爲故事稷盡郤弗取名拜御史卒萬歷舊志

陸鎮默字淡源萬歷癸未進士知汝州以廉惠稱累陞刑部郎恤刑山左題豁寃罪一百四十三人後其子孫過姚猶多泣拜而去者祀汝州名宦舊志

俞瀾字有源少精於易正德丙子舉於鄉知德化縣折獄明敏民李甲逐其從子從子負販致富甲爭之不得則籍其數獻於官瀾責甲而勸從子養其老廬山

有鹿被傷入廨投瀾馴擾不去人謂孔祐鹿亭復見也江滸有神木能致風濤瀾取以充廟學之用移知吳橋流亡咸集編爲畸零戶再移仁化而歸子介嘉靖甲辰進士舊志

徐震萬歷丁丑進士授增城知縣其俗輕生睚眦之忿自殺相誣震嚴反坐之條錄過枉死姓名揭之門闕遂相戒不犯姦民以訟衣食者震書其面爲訟師狗於道使言曰無或如某起滅訟情爲明府差訟亦衰止卒於官民皆爲出涕舊志

陸一鵬字應程嘉靖丙辰進士刑部主事與嚴嵩不合

出守汀州建溪橋九洞名曰晝錦士民樂頌再任梧州大旱步禱甘霖立降雨地皆入名宦歷兩淮鹽運使居鄉能緩急人莫不德之舊志

邵夢弼字傳野萬歷庚辰進士授高郵知州河淮入流自盂城抵興化化爲巨浸風濤雨雪驛路不通夢弼陳狀制府築堤以救制府發官帑半其半取之有田之家數月築長堤七十里田出水中者二十萬畝人名爲邵父堤奄人過往豪横夢弼拾其長隨罪狀上之制府叅題名捕奄舟泊河下圍而索之奄人哀求歛手去入爲刑部員外郎中陞福建僉事備兵漳南

有告謀叛者府縣請發兵蔓衍以一尉往無實壽大計罷_{舊志}

孫鋌字文和尚書陞之子也嘉靖癸丑進士庶吉士授編修校永樂大典纂承天大誌隆慶丁卯成陞左中允歷諭德祭酒至南禮部侍郎_{舊志}

楊文煥字太素萬歷癸未進士刑科給事中十八年吏部以鄒元標調文選孫如法陞南都察院照磨時宰以爲黨人留中不下文煥上疏再請謫潮陽典史_{舊志}

楊維岳字五叅萬歷己丑進士刑部主事時哱拜之獄多所全活出知漳州府歲有橋稅四千金上下乾没

維岳視其橋甚固遂罷之關白之亂諸生姚世賢等挾策干督撫名海外諸國以撓日本督撫壯之至是以島人雜種賫奇貨至居民皇駭前督已遷去代者謂生事將勦之維岳曰何以示信莫若犒之出境而以外國入貢地方却遣上聞斯爲兩得以不媚上官遷忻洲築城裁量工費在忻八載薦遷貴州兵備致仕舊志

戴王言字仲默萬歷戊戌進士授刑部主事奄人父干法如律按之服辜稅使坐貽奄黨撼之王言輸日追比具題結案其執法如此遷分巡建南僉事全閩喉

咽歲供不支厨傳涼薄王言裁量盈縮去無名之稅乾沒者無所措手民有爲佛會者以口語支致大獄主書曰愚民無知左道罪當笞奈何論死傷好生之德咸次遣之陞廣西按察使轉布政使致仕舊志

沈裕萬歷壬辰進士遷御史妖書事起沈一貫欲借陷次輔沈鯉宗伯郭正域獄久不成後得皦生光侍郎李廷機趙世卿謂朱賡即此可以成獄賡勸一貫如廷機言刑部尚書蕭大亨欲窮究之裕力持定獄上命皦生光事得解舊志

陳謨號禹閭萬歷甲辰進士刑部主事富人張義陷獄

讞者避嫌不決謨曰人之生死豈買聲名地乎證佐具即出之守潮州餉不足議加稅萬餘謨括羨餘充之丁艱補肇慶府海潮歲爲患請撫按發贖鍰築堤十餘里至今賴之擢廣東副使卒居近黄沙湖踰山往來謨損貲首倡築堤至今便之舊志

姜逢元字仲訒萬歷癸丑進士庶吉士遷國子司業經筵侍講詞旨條暢趙南星爲左都御史每嗟嘆之由是小人目爲黨人纂修三朝要典逢元爲副總裁入局比詳章奏邪正歷然不能阿附時論於是閣筆而嘆魏忠賢曰吾固知其爲黨人也勒閒住崇禎初起

爲詹事上時綜核大臣多以罪下請室逢元講帝德罔愆言天道風雷之日少雨露之日多上爲霽威是日旨從末減司寇胡應台曰姜公所謂仁人之言也累陞禮部尚書皇太子行冠禮充三加官加太子太保致仕舊志

姜鏜字永新父子貞嘉靖甲子舉人知永定縣頑民好訟惡則毒艸自殺子貞燒其種使絕守郴州歲大祲子貞力煑粥救荒而司李句稽入境子貞曰吾豈能觸熱送迎爲不急之務耶未幾引歸鏜淸苦好修舉萬歷乙卯鄉榜教諭鄞縣尊經閣圮念家中山本可

用郎伐之以充梁棟爲助教轉刑部司務其職上接科抄須之各司點者故遲速以自重鋌無留牘情弊盡絕陞本部主事服闋補工部員外郎治河張秋舊志

陳相才字期生崇禎庚辰進士知同安縣時海禁疏有闌入一聽大帥相才募鄉勇自成一旅相彈壓洋船不許登陸民得無事甲申盜賊乘機私相部署相才鎮以無事猝起滅之舊志

王業浩字士完萬歷癸丑進士河南道御史崇禎二年擢右通政爲兩廣右僉都御史鍾靈秀蟠據九蓮山集兵討平之入爲兵部侍郎叙功兼右都御史陞兵

部尚書業浩喜獎人物折節後進吏部咨訪册圖識獨多上以爲濫遂罷舊志

吳道光字孚伯萬歷丙戌進士以古文飾時藝陸光祖奇之函文以示趙錦錦曰吾邑有此名士乃不知耶游揚其名錄爲諸生第一第進士工古文辭詩有奇致終灤州州同有日鑄文集萬歷舊志

鄭伯乾字伯健生而敏慧讀書過目成誦數應舉不售橫經授徒出其門者多名士著涉史謬論河圖易象解伯乾之後有盧望者文譽特起竟老諸生間嘗著信心錄非學究語也萬歷舊志

葉鳴字允叙受業王守仁自綱目性理及五經箋註首尾成誦嘗著大學古本中庸註五經一貫臆說諸書以子遵貴封工科給事舊志

楊山字伯鎮幼讀書至入孝出弟問其父若何而可謂孝弟父釋其義山曰吾知所從事矣便儼若成人已娶妻谷氏家貧必爲父母營辦肴味山出外歸家常使兩親檢括囊中三分之致二弟歲宴享谷氏亦必以其簪瑱先之二娣嘉靖丙午舉於鄉授泰安知州其友愛終身如故萬歷舊志

胡㯕節婦何氏子也事母至孝頃刻不忘鄉黨飲酒每

食必數起視母筵中之物亦必貽母娶妻毛氏供奉稍怠楆叩頭乞逐婦毛亦搏額自責節婦死楆耄且病猶泣血終喪舊志

徐子時父病割股趙文華視師以公禮格其鄉諸生莫不長跪子時與數十人入見拱手而待揖文華愕然下堂與之成禮聞者壯之舊志

孫一鳳侍父疾衣不解帶者歲餘父沒廬墓三年白雀來集人以爲孝感舊志

邵宏裘字治君年十一歲母徐氏病危宏裘私割臂投之湯藥母病尋愈日就外傅而臂瘡臭聞傅問宏裘

泣言其故由是家人始知之其後母死朝夕思慕不置手書法華經以寄哀蓋童子中之有至性者萬歷舊志

趙元明字思旦古則七世孫也工博士家言尤精於易四方學者爭延之家貧重行誼聚廬而炊者三世矣歲時輟講歸羣從子弟有緩急若坂諸寄元明幸解橐中裝應之鰥者爲授室乃其妻子則蕭然無嘗也嘗有意復考古之臺訓誨鄉里惜未竟其志而卒舊志

孫鈳字文濟晉州判官周窮濟急鄉曲貴其義行有訟者鈳一言卽解又有詩名與詞人唱和莫不重之舊志

張槐字茂甫倫容儀倜儻有識度少業儒後棄去以布

衣翹然里中季弟某未舉子有相塚者私過槐所謂君如葬父法如此子孫其昌獨不利季耳槐曰季猶我也而君岐之乎謝罷之呂本方總角厚致廩焉本既貴槐不以故知見德本嘗曰張茂甫高士吾少也服其鑒貴也服其介老也服其志類有道者矣萬歷舊志

案列傳必期徵信旁稽載籍不專以舊志為憑唯此卷自聞人蕆以下悉仍舊志之文無所更易推其義例厥有三端牧守之官循良之績遐陬懷其愷悌而舊鄉限於見聞郡邑志書浩如烟海勢固不能徧及事難斷為無徵顏之推有言讀天下書

未遍不得妄下雌黃存其舊以俟諏訪一也約居而大倫自致匹夫而慕義無窮名不出一鄉事不期衆著獨行可傳不得以省府志未載爲疑存其舊以闡幽隱二也身都卿相事列史書載筆者有愛憎傳聞者有同異雖旁徵可藉而折衷爲難存其舊以待論定三也本欲不沒其真並非自紊其例識者鑒諸

餘姚志卷二十八終

餘姚志卷二十九

知餘姚縣事唐若瀛修

列傳十

明

孫鑨字文中嘉靖三十五年進士授武庫主事歷武選

郎中尚書楊溥深器之世宗齋居二十年諫者輒獲罪鏜請朝羣臣且力詆近倖方士引趙高林靈素爲喻中貴匿不以聞鏜遂引疾歸隆慶元年起南京文選郎中萬歷初累遷光祿卿引疾歸里居十年坐臥一小樓賓客罕見其面起故官進大理卿都御史吳時來議律例多紕盭鏜力爭之帝悉從駁議歷南京吏部尚書尋名爲吏部尚書故事冢宰與閣臣遇不避道後率引避陸光祖爭之乃復故然陰戒騶人異道行至鏜益徑直張位等不能平因欲奪其權建議大僚缺九卿各舉一人類奏以聽上裁用杜專擅鏜

言廷推大臣得共衡可否此爵人於朝與衆共之之
義類奏啟倖塗非制詔卒如位議二十一年大計京
朝官力杜請謁文選員外郎呂允昌鑨甥也首斥之
考功郎中趙南星亦自斥其姻一時公論所不與者
貶黜殆盡大學士趙志臯弟預焉由是執政皆不悅
王錫爵方以首輔還朝欲有所庇比至而察疏已上
庇者在黜中亦不能無憾會言官以拾遺論劾稽勳
員外郎虞淳熙職方郎中楊于廷主事袁黃鑨議謫
黃留淳熙于廷部黃方贊畫軍務亦留之給事中劉
道隆遂言淳熙于廷不當議留乃下嚴旨責臣部專

權結冀鑨言淳熙臣鄉人安貧好學于廷力任西事
尚書石星極言其才今寧夏方平臣不敢以功爲罪
且既名議覆不嫌異同若知其無罪以諫官一言而
去之自欺欺君臣誼不忍爲也帝以鑨不引罪奪其
俸貶南星三官淳熙等俱勒罷鑨遂乞休且白南星
無罪帝不聽員外郎陳泰來曰臣嘗四更京察獨今
春之役旁咨博採覈實稱情邪謟盡屏貪墨必汰乃
至鑨割渭陽之情南星忍秦晉之好公正無踰此者
元輔錫爵兼程赴召人或疑其欲干計典今共親故
皆不能庇欲甘心南星久矣故道隆章上而專權結

黨之旨旋下夫以吏部議留一二庶僚爲結黨則兩都大僚被拾遺者二十有二人而閣臣議留者六詹事劉虞夔以錫爵門生而留獨可謂之非黨耶且部權歸閣自高拱兼攝以來已非一日尚書自張瀚嚴清而外遐卽自孫鑨陳有年而外莫不奔走承命其流及於楊巍至劉希孟謝廷宷而掃地盡矣借拾遺以激聖怒是內璫與閣臣表裏箝勒部臣而陛下未之察也帝怒盡斥南星淳熙于廷黃爲民鑨乃上疏言吏部雖以用人爲職然進退去留必待上旨是權固有在非臣部得專也今以留二庶僚爲專權則無

往非專矣以留二司屬爲結黨則無往非黨矣如避專權結黨之嫌畏縮遷愞使銓職之輕自臣始臣之大罪也臣任使不效徒潔身而去俾專權結黨之說終不明於當時後來者且以臣爲戒又大罪也固請賜骸骨仍不允鏜遂杜門稱疾疏累上帝猶溫旨慰留賜羊豕酒醬米物且敕侍郎蔡國珍暫署選事以需鏜起鏜堅臥三月疏至十上乃許乘傳歸居三年卒贈太子太保謚清簡鏜嘗曰大臣不合惟當引去否則有職業在謹自守足矣明史本傳

陳有年字登之嘉靖四十一年進士授刑部主事改吏

部歷驗封郎中萬歷元年成國公朱希忠卒其弟錦衣都督希孝賄中官馮保援張懋例乞贈王大學士張居正主之有年持不可草奏言令典功臣殁公贈王侯贈公子孫襲者生死止本爵懋贈王廷議不可即希忠父輔亦言之後竟贈非制且希忠無勛伐豈當濫寵左侍郎劉光濟署部事受指居正爲删易其藁有年力爭竟以原奏上居正不懌有年即日謝病去十二年起稽勳郎中歷考功文選謝絶請寄除目下中外皆服遷太常少卿以右僉都御史巡撫江西上方所需陶器多奇巧難成後有詔許量減旣而如

故有年引詔旨請不從內閣申時行等固爭乃免十
之三南畿浙江大祲詔禁鄰境閉糶商舟皆集江西
徽人尤衆而江西亦歲儉鬻乞有年禁遏有年疏陳
濟急六事中請稍弛前禁令江西民得自救南京御
史方萬山劾有年違詔帝怒奪職歸薦起督操江累
遷吏部右侍郎改兵部又改吏部尚書孫鑨左侍郎
羅萬化皆鄉里有年力引避朝議不許尋由左侍郎
擢南京右都御史二十一年與吏部尚書溫純共典
京察所黜咸當未幾遂代純位其秋鑨謝事召拜吏
部尚書止宿公署中見賓則於待漏所引用僚屬極

一時選明年王錫爵將謝政廷推閣臣詔無拘資品有年適在告侍郎趙參魯盛訥文選郎顧憲成往咨之列故大學士王家屏故禮部尚書沈鯉故吏部尚書孫鑨禮部尚書沈一貫左都御史孫丕揚吏部侍郎鄧以讚少詹事馮琦七八名上蓋鑨丕揚非翰林爲不拘資琦四品爲不拘品也家屏以爭國本去位帝意殊不欲用又推及吏部尚書左都御史非故事嚴旨責讓謂不拘資品乃昔年陸光祖自爲內閣地今推鑨丕揚顯屬徇私前吏部嘗兩推閣臣可具錄姓名以上於是備列沈鯉李世達羅萬化陳于陛趙

用賢朱賡于慎行石星曾同亨鄧以讃等而世達故
都御史也帝復不悅謂詔旨不許推都御史何復及
世達家屏舊輔臣不當擅議起用乃命于陛一貫入
閣而謫憲成及員外郎黃縉王同休主事章嘉禎黃
中色為雜職錫爵首疏救有年及參魯等疏繼之帝
竝不納趙志皐張位亦佯為言而二人者故不由廷
推因謂輔臣當出特簡廷推由陸光祖交通言路為
之不可為法帝喜降旨再譙責遂免縉等貶謫但停
俸一年給事中盧明諏疏救憲成帝怒貶明諏秩斥
憲成為民有年抗疏言閣臣廷推其來舊矣曩楊巍

秉銓臣署文選廷推閣臣六人今元輔錫爵即是年
所推也臣邑前有兩閣臣宏治時謝遷嘉靖時呂本
並由廷推官止四品而耿裕聞淵則以吏部尚書居
首是廷推與推及吏部皆非自今創也至不拘資品
自出聖諭臣敢不仰承因固乞骸骨帝得疏以其詞
直溫旨慰答有年自是累疏稱疾乞罷帝猶慰留賚
食物羊酒有年請益力最後以身雖退遺賢不可不
錄力請帝起廢帝報聞有年遂杜門不出數月中疏
十四上乃予告乘傳歸歸裝書一簏衣一笥而已二
十六年正月卒年六十有八四月詔起南京右都御

史而有年已前卒贈太子太保謚恭介故事吏部尚書未有以他官起者有年以右都御史起蓋帝欲用之而政府陰抑之也有年風節高天下兩世膴仕無宅居其妻孥至以油幙障漏其歸自江西故廬火乃僦一樓居妻孥而身棲僧舍其刻苦如此明史本傳

孫鑛字文融禮部尚書陞第四子也舉萬曆二年會試第一當入翰林爲張居正所阻授兵部主事歷吏部考功文選郎中佐尚書嚴清楊巍澄清銓法名藉甚十九年以左僉都御史同吏部尚書陸光祖主外察明年鑛兄鑨代光祖尚書鑛引避出巡撫山東二十

一年進刑部右侍郎明年改兵部九月代顧養謙總督遼薊軍務兼經畧朝鮮巡撫李化龍總兵董一元破賊於鎮武鎭以功加右都御史初封貢議起欲取道寧波而浙人素苦倭鎭及沈一貫排之尤力比鎭經畧則封議已定要以徹兵而不許貢市然倭志在貢市不在封也尚書石星信沈惟敬言遽遣冊使李宗城楊方亨使倭鎭不得已先遣麾下葉靖國持檄諭行長行長辭疾不見踰二日始見殊無徹兵意亦無不求貢市之說靖國還報鎭乃疏言倭情多詐且聞山城君尚在有文祿三年歷可證關白當如禮臣

議改封順化王貴關白之子或行長親持誓表詣遼
然後命宗城往使而罷遣惟敬仍增募水陸諸軍嚴
爲之備夫禦敵之策以戰守而兼覊縻則可以覊縻
而忘戰守則不可今封使一至倭即引退固善不退
當即進勦若待奏請恐失事機又聞關白嘗欲召行
長還而清正素不服關白與行長復不相能則以計
招之亦一策也疏入星抗章辨且言鑛不宜遣人入
倭阻壞封事鑛乃作封貢議以諷星益恚已封事大
壞星出方亨私書言清正之來鑛實名之方亨不承
給事中徐成楚御史陳遇文劾星爲行長所賣不自

悔罪遂坐免二十六年倭以國内大亂遁歸邢玠攡功及鑛得賜幣三十二年十月起南京右都御史就進兵部尚書加太子少保參贊機務是時政事廢弛公私凋耗南京營兵十二萬七千少至三萬六千而帝黷貨無厭採榷橫出民皆愁怨三十四年冬河南劉天緒以白蓮教惑衆聚至千餘人自號龍華帝主其黨張名僞稱將軍期冬至作亂事覺掩捕得數十人鑛以留都昇平日久民不知兵衆思乘隙請用重典帝以爲然於是南中訛言相煽明年正月有詔脅從罔治而尚書蕭大亨欲盡除之其黨懼復謀作亂

鑛令職方郎中劉宇捕之邏卒四出民大驚擾南京吏部尚書曾同亨嘆曰孫公之禍始於此矣於是兩京給事中金士衡曹於汴宋一韓御史孫居相等先後論鑛亂殺無辜貪功生事鑛具陳定亂之由及奸宄不法狀且言留都十羊九牧動多掣肘每一事出相顧持疑所以奸雄鼓掌狂逆攘臂宜分定職事帝手鑛疏傳諭內閣將重罪言者內閣力解之乃止鑛三疏求去三十七年致仕鑛歸後妖黨轉相部署枝蔓州縣後十餘年紀法益亡邪謀遂熾所在煽動致煩王師人始服鑛先識鑛既歸布衣疏食恬然自得

年七十卒萬斯同明史稿

周如砥字允直嘉靖己丑進士知瀏陽改婺源時太宰汪鋐方柄銓冢奴橫甚如砥一裁以法鋐銜之移判武昌鋐罷去始遷工部營繕司主事歷郎中時九廟四郊慈慶慈寧諸大工繼起川湖巨材銜尾至故事至則挽入臺基山西二廠聽內豎取裁繕司唯唯而已如砥啓白工師索其總冊令挽木者悉以木置長安東西街召諸匠如式裁用然後進兩廠內豎竟一無所得後擢太僕寺少卿請告歸浙江通志名臣傳

鄒陛字世忠隆慶戊辰進士選庶吉士授御史給事中

李世達以諫買珠下獄陛上言曰上不當索珠又不當薄受言之量使天下謂上重貨而輕賢也不報三出爲巡按所至有聲疏寬蘇松四郡宿逋次江北創築泗隄請留賑贖卹以拯災黎時漕運總督吳桂芳開草灣及老黃河故道以廣入海之路會河決曹縣給事劉鉉等語侵桂芳陛言曹縣非漕督所轄諸臣以河漲歸咎草灣阻任事氣乞策勵桂芳益底厥績而詰責河臣傅希摯曠職詔能希摯以桂芳總理河漕卒成高郵湖隄功民賴之張居正盡毀書院檄下江西陛獨請存白鹿書院累遷湖廣巡撫大盜劉汝

國出沒太宿蘄河間陛分設犄角身督師黃州扺其巢賊倉皇走追擒汝國湖廣以寧潞王之國請景邸莊田溢於故額陛列見田以聞無濫及民者終刑部右侍郎初張居正奪情趙用賢疏論廷杖陛獨護視之及居正乞歸營葬諸臣爭上疏促其還都陛與吳之彥言於臺中曰奈何爲不義屈同事有具疏請者扼之不使上居正既復相聞而恚甚顧陛居官勤恪無以難也有兩臺奏議行於世明史附傳兼採分省人物考

孫如法字世行萬歷癸未進士授刑部主事時鄭妃專寵生子卽欲封皇貴妃閣臣請立太子封皇長子母

王恭妃皆不許給事中姜應麟沈璟皆以言冊立謫
官如法上言曰太子天下本大本未定人心不能無
疑皇上以冊立爲早英宗爲太子二歲武宗週歲今
皇長子五歲矣不爲早也以冊立爲勞宮中一受冊
文華一受朝不爲勞也如以貴妃勤勞售之封號則
恭妃朝夕奉御不可謂不勞也貴妃生第三子恭妃
生第一子欲封貴妃不可不竝封恭妃不封恭妃不
可先封貴妃此理之固然序之一定者臣願陛下亟
立元子爲皇太子以慰臣民之望竝封貴妃以昭朝
廷之公召復姜應麟沈璟之官以彰納諫之度則羣

疑釋而德意切矣疏入上大怒謫爲潮陽典史移病歸卒後贈光祿寺少卿子有開字子長有孝行如法從貶所歸瘴毒發衂如湧泉百藥不治有開籲天祈代及殁結廬墓側晝夜悲號深山多虎夜常繞廬而不相害光宗嗣位赴闕訟父忠贈官賜葬母史氏性嚴能曲意事之得其歡心史寢疾妻來氏絕兒乳哺姑妻卒終身不娶後廕授光祿典簿遷户部主事以疾歸年七十而卒有詩文八卷明史附傳兼採浙江通志

宋大武字文成與弟大勺從子岳同登嘉靖辛丑進士大武歷官刑部主事郎中持法平恕時緹騎橫罔無

辜希賞格西曹無敢枝梧大武軏白其枉釋之出爲永平知府繕城治備歷廣東副使臨高居林之寇撫定爲多擢參政歸家居杜關里巷不覿面者三十年分省人物考

姜子羔字宗孝父應期學於王守仁子羔以幼齡侍講席輒有所契登嘉靖癸丑進士授成都府推官御史捕惡失實子羔汎不行以卓異名不阿嚴世蕃調禮部主事累遷陝西副使有旨補邊方巡撫張居正爲子羔舉主不相親附遂遷行太僕寺卿寺故有羨金三千子羔將去吏謂無籍可稽用佐行裝子羔不可

卒時賦詩一章自言其學舊浙江通志

姜鏡字永明萬歷癸未進士授禮部主事進主客員外郎哱拜據寧夏兵圍之三月不克寧夏城環湖廷議決湖水以灌其城鏡上疏曰寧夏城中百萬戸不盡賊也而使之一朝盡爲魚鱉乎今哱拜與許朝劉東陽三叛鼎立必有不相下之勢若遣權譎之士入城招降而乘機搆會以離其腹心使之自相疑貳然後重兵以臨之三叛之俘當獻之闕下書奏神宗韙其言既而三叛就殲卒如其策時皇儲未建司禮監田義蓄異謀鏡上書劾奏義大怒擬以中旨杖午門外

神宗以其言直改命革職卒於家光宗即位追直諫功特贈光祿卿浙江通志名臣傳

楊大章字章之嘉靖癸未進士授瀏陽知縣豪民李鑒拒兵殺官以叛大章單騎即其巢擒之豪俠斂迹以艱歸起知歙縣舉卓異擢刑部主事歷兵部郎中陞山東副使備兵薊州薊州爲盜藪大章練兵彈壓境內帖然亡命胡廷秀直入都城白晝刼殺人從西直門出人莫敢近大章選驍騎跡至臨清斬之歲饑發粟賑貸又城武清漷縣以撫饑民歷參政晉南京鴻臚卿又擢光祿卿召爲工部右侍郎改刑部左侍郎

鄭曉爲尙書同心持政比律期於平允當時稱天下無冤民曉去大章亦以疾告歸卒年七十八分省人物考

鄒學柱字國材隆慶戊辰進士授溧陽知縣豪民呂祚等夙爲民患學柱置之法縣田有官民二則官田賦最重民甚患之學柱力爲清丈編以一則官田賦絀則以勢家陰漏賦補之歷知歸德府平白蓮妖擒劇盜朱應科等遷江西副使歷河南左布政使再補山西罷歸浙江通志循吏傳

胡一鴻字季漸萬歷庚戌進士授南工部主事出知荆州府濱江之田視隄爲荒熟歲久將決一鴻發民修

治隄成而利倍補武昌府水西之亂推擇爲辰沅副使以主餉事創運法爲連珠營每營距十里迭爲運防輸日番休黔軍得以藉手轉陝西按察使未任卒

浙江通志

循吏傳

蔣勸能字汝才嘉靖乙丑進士授行人擢祠祭主事歷主客員外郎郎中出爲湖廣右叅議分轄衡永峒猺爲患猺老爲之謀主乃集兵陽進勦而隱以恩撫之猺老懼來歸除其罪令約束諸猺又爲立社學猺人悅服永州嚴夜禁奸民報怨賄邏卒乘夜掩殺勸能曰是甚於猺矣下令擅殺者死閭里以安零陵王篆

爲張居正私人假威福勸能不爲下以大計歸分省人物考

沈應文字徵甫隆慶戊辰進士授池州推官有徽商被殺無主名應文行部青陽鴉數百繞輿飛噪應文曰此間有逆旅乎牽其人詰之果得殺商者累移江西副使沿江多盜應文設劃船二十領以卒伍復嚴保甲法聽民自爲部署歲終課其勤惰盜爲衰止擢順天府尹稽省諸司冗費禁猾邪平寃獄治曹掾之横於鄉者輦轂以清轉南京大理寺卿誠意伯劉世延多行不法應文與尚書謝杰擬罪錮之原籍遷南京

工部侍郎錦衣馬尙仁言濱江蘆田十萬餘頃可立
皇庄應文執奏蘆洲遷徙不常高帝僅供葦束以充
燒造正統始徵銀課嘉靖課二萬七千今增四萬五
千民困已極豈堪變法不報丁艱起補刑部侍郎御
史曹學程諫日本封事繫獄十年應文疏請得改戍
咸寧知縣滿朝薦忤稅奄梁永被逮應文疏救之萬
歷三十五年陞本部尙書予告歸起南京吏部尙書
掌京察尋告病天啟五年年八十三遣官存問又二
年卒贈太子太保諡莊敏續獻徵錄
孫繼有字姚岑萬歷丙戌進士除刑部主事時王錫爵

執政行人高攀龍以趙用賢去國疏爭之與鄭材楊應宿相訐攀龍謫揭陽典史御史吳宏濟救之亦被黜繼有疏曰高攀龍楊應宿邪正判然矣乃倒置是非同譴異謫吳宏濟救攀龍則黜黄紀賢吳文梓救宏濟則罰鄭材傾陷善類而黜罰不加不謂之舛不可得也今所指爲攀龍罪者以攀龍謂陛下不親一事批荅盡出輔臣然疏内初無此語何以服攀龍之心哉臣本輔臣所舉士安敢糾彈獨見其柄國以來伐異黨同好諛惡直臣是以不能爲之諱然此猶小者也本兵經畧安危所係乃以匪人石星宋應昌任

之輔臣常東臣亦言二人短而不爲陛下更置何其果於容奸也上怒削籍後復起用官至知府萬斯同明史稿

孫如游字景文都御史燧曾孫也萬歷二十三年登第授庶吉士進編修累官禮部右侍郎四十七年左侍郎何宗彥去位署印無人閣臣方從哲屢以如游請明年三月始得命其時部事叢積如游決遣無滯五月言年來白蓮無爲諸教已經臣部具題嚴禁驅逐近又有紅封大成諸教避白蓮無爲之名而傳其派妄稱佛祖煽誘愚民四方各有教首即都城之中亦肆行無忌且假進香之名接踵道路旌旆蔽天金鼓

般地一切儀仗僭擬龍鳳尤爲法所不容萬一草澤奸宄或景附以潛藏邊徼細人或竄入以內應是玩視之爲黄冠緇衣之流者正醞釀之爲緑林紅巾之續也方今天不悔禍人多幸災諸亡命枵腹之徒正苦棲身無所而此等廣爲之招安知無劉福通輩生心窺伺爲中原之患哉除臣移牒在京在外嚴行禁緝更乞天語申飭遵奉施行從之七月神宗疾大漸偕諸大臣受顧命越日帝崩鄭貴妃懼禍深結李選侍爲請封后選侍喜亦請封太后以悦之楊漣語如游曰皇長子非選侍所愛選侍若后嫡矣他日將若

何亟白執政首舉冊立於遺詔登極三日公即援詔以請如游然之八月朔光宗即位三日如游請建東宮帝納之俄遵遺旨諭閣臣封貴妃爲皇太后如游奏曰考累朝典禮以配而后者乃敵體之經以妃而后者則從子之義祖宗以來豈無抱衾之愛而終引去席之嫌此禮之所不載也先帝念遺妃之勞當不在無名之位號陛下體先帝之志亦不在非分之尊崇若義所不可則遵命非孝遵禮爲孝臣不敢曲狥自蹈不忠之罪疏入未報如游辱進本部尚書帝既命建東宮又言皇長子體質清弱稍緩冊立期如游

力持不可二十三日命封選侍爲皇貴妃期已定矣
越三日帝又趣之如游奏曰先奉諭上孝端皇后孝
靖皇太后尊謚又封郭元妃王方人爲皇后禮皆未
竣貴妃之封似宜在後旣聖諭諄切且有保護皇儲
功卽如先所定期亦無不可帝許之選侍意奢以貴
妃爲未足必欲得皇后二十九日再召廷臣選侍復
邀皇長子言之如游曰上欲封選侍爲皇貴妃當卽
具儀進帝漫應曰諾選侍聞之大不悅明日帝崩朝
事大變如游請改冊封期報可熹宗爲皇孫時未就
傅至是卽位七日如游卽請開講筵亦報可當兩朝

易命之際典禮殷繁如游據經守正應之有緒熹宗念其勞十月命以本官兼東閣大學士入參機務言者詆其不由廷推交章論列如游亦連章乞去帝輒勉留天啟元年二月如游言祖宗任用閣臣多由特簡特陛下冲齡致茲猜度臣有累至尊知人之明乞速賜骸骨還田里帝仍留之閏二月如游十四疏乞去乃加太子太保文淵閣大學士遣官護送廕子給賜悉如彝典家居四年卒贈少保謚文恭明史稿

孫如洵號木山萬歷癸丑進士授刑部主事出守池州土賊盛長等千餘人沿江肆掠如洵令鄉民屯聚守

謚靚卒壯士夾擊一鼓而殲其魁遷山東副使擢濟寧叅政賑饑荒以杜盜源境內以安後致仕歸浙江通志

循吏傳

黄尊素字真長萬歷四十四年進士除寧國府推官精明强執祭酒湯賓尹落職里居勢猶張獨尊素無所假借叅議劉仲斗肆惡於鄉置私獄拷掠受害者數百家爲剪除其僮客雖中傷不懼天啟二年入授御史謁假歸明年冬還朝首疏獎恬退乞召還尚書余懋衡侍郎曹于汴少卿劉宗周周洪謨且曰王紀之逐也蹇驢出郭人謂其泰於蒲輪破帽蒙頭人謂其

榮於蟒玉鄒元標馮從吾之去也誣善之輩既與王淮陳賈同其名聖明之朝遂與紹聖慶元同其恥并乞還之廊廟竟其謨猷因劾尚書趙秉忠侍郎牛應元通政丁啟睿頑鈍宜斥秉忠應元竟引去山東妖賊既平餘黨復煽巡撫王惟儉不能撫馭尊素疏論之因言巡撫之官往者內外兼用今盡爲京卿所據彼雍容坐嘯輩寧若躬歷外服者之練習哉時帝紹位數年未嘗一召見大臣政多旁落尊素請復便殿名劉故事面決大政否則講筵之暇令大臣面陳商確可否帝不能用四年二月大風揚沙晝晦天鼓鳴

如是者十日三月朔京師地震乾清宮尤甚尊素歷陳時政十失末言陛下近日有厭薄言官意宮府之閒人懷忌諱遂有剽竊皮毛莫犯中扃者此端斷不可開也今阿保重於趙嬈禁旅近於唐末蕭牆之憂慘於敵國毫末不札將尋斧柯况廷無謀幄邊無折衝當國者昧安危之機誤國者護恥敗之局不於此時兼聽並觀進賢退不肖徒事唯諾而剛方正直疾之若讐陛下獨不自爲社稷計乎疏入魏忠賢大怒謀廷撻之賴韓爌力救乃奪祿一年楊漣劾忠賢被旨譙讓尊素憤抗疏繼之曰天下有政歸近倖威福

旁移而世界清明者乎天下有中外洶洶無不欲食其肉而可置之左右者乎推陛下之意必以爲曲謹可用也不知不小曲謹不大無忌必以爲惟我駕馭也不知不可駕馭則不可收拾矣陛下登極以來公卿臺諫纍纍罷歸致在位者無固志不於此稱孤立而乃以去一近侍爲孤立耶今忠賢不法狀廷臣已發露無餘陛下若不早斷彼形見勢窮復何顧忌忠賢於此必不肯收其已縱之韁而淨滌其腸胃忠賢之私人於此必不肯回其已往之棹而默消其冰山始猶與士大夫爲讐繼將以至尊爲注若柵旣固毒

鰲誰何不惟臺諫折之不足即干戈取之亦難矣忠賢得疏愈恨忠賢既廷杖萬燝又欲杖御史林汝翥諸言官詣闕爭之小璫數百人擁入閣中攘臂肆詈諸閣臣不敢語尊素厲聲曰內閣絲綸地即司禮非奉詔不敢至若輩敢無禮至此耶其人稍稍散去無何燝以創重卒尊素上言律例非叛逆十惡無死法今以披肝裂膽之忠臣竟殞於磨牙礪齒之兇豎此輩必欣欣相告曰吾儕借天子威柄今而後可鞭笞百僚矣不知後世有秉董狐之筆繼朱子之綱目者書曰某月某日郎中萬燝以言事廷杖死豈不上累

聖德哉夫進此廷杖之說者必曰祖制不知二正之
世王振劉瑾爲之世宗神宗之朝張璁嚴嵩張居正
爲之奸人欲有所逞憚忠臣義士掣其肘必借廷杖
以快其私使人主蒙拒諫之名已受乘權之實而仁
賢且有抱蔓之形於是乎爲所欲爲莫有顧忌而禍
即移之國家然則廷杖實非祖宗制也熑已死矣獨
念辱士殺士漸不可開乞敍其故官破格賜恤俾遺
孤得扶櫬還鄉熑死且不朽疏入益忤忠賢意八月
河南進玉璽忠賢欲侈其事命由大明門進行受璽
禮百官表賀斝素上言昔宋哲宗得璽蔡確等競言

祥瑞改年元符宋祚卒不競本朝宏治時陝西獻玉
璽止令取進此祖宗故事宜從事獲中止五年春遣
視陝西茶馬甫出都曹欽程劾其專擊善類助高攀
龍魏大中虐焰遂削籍尊素既蹇諤敢言尤懷深識
遠慮其初入臺也鄒元標實援之即進規曰都門非
講學地徐文貞已叢議於前矣元標不能用楊漣將
擊忠賢魏大中以告尊素曰從來除君側者必有内
援楊公有之乎一不中我儕無噍類矣及萬燝死尊
素見漣諷之去漣曰吾一身生死成敗久拚之矣如
死而有益亦且爲之尊素曰士君子可不顧死生成

敗不可不顧出處言旣不用在朝何益徒增忌疾耳漣領之明日遣李應昇來決去就尊素曰此事當決諸己若詢之他人必有牽挽何能遂志復爲書上之漣遷延不能去以及於禍大中將劾魏廣微尊素曰廣微小人之包羞者也攻之急則挺而走險矣大中不從廣微遂顯與正人爲難先是汪文言下獄忠賢即欲羅織正人已知爲尊素所解恨甚其黨亦以尊素知勇深沈留之將爲後患欲殺之會吳中訛言謂尊素欲效楊一清誅劉瑾故事用李實爲張永授以秘計忠賢聞之大懼刺事至吳中無影響侍郎烏程

沈演家居欲自以爲功奏記忠賢曰事有迹矣於是
忠賢日遣使譙呵實取其空印白疏入尊素等七人
姓名遂被逮使者至蘇州適城中擊死逮周順昌旂
尉其城外人并擊逮尊素者失其駕帖其人不敢至
尊素聞即囚服詣吏自投詔獄許顯純崔應元榜掠
備至勒贓二千八百五日一追比一日拷竟次及李
應昇尊素見其垂斃願代受拷顯純亦爲之改容已
知獄卒將害已叩頭謝君父賦詩一章遂死時六年
閏六月朔日也年四十三崇禎初贈太僕卿任一子
後追謚忠端萬斯同明史稿

葉憲祖字美度萬歷已未進士授新會知縣考選入都黃尊素劾魏忠賢憲祖以姻親爲忠賢所忌遷大理評事轉工部主事奄黨建忠賢生祠於長安街憲祖語人曰此天子幸辟雍道也土偶豈能起立乎忠賢聞之即日削其籍崇禎初起南京刑部郎中出知順慶府擢湖廣副使備兵辰沅五溪苗入犯憲祖屢有斬獲總督朱燮元上其功以疾歸累遷四川參政廣西按察使皆未上憲祖善詩古文尤工詞曲沈應文楊文煥修縣志憲祖與郤圭同事編纂圭字世瑞舉人仕至漳州府同知有惠政海濱立祠祀之舊浙江通志參

紹興府志

姜道元字敬勝順天副榜授山東布政司理問攝臨清州篆歲旱漕河涸道元禱之雨隨澍河流大增糧艘得行無何濟南被圍職守北門道元以俸貲募丁壯相與戮力死守數旬城陷被執脅降不從遂見殺妻來氏自沈署後湖中子廷樑從之事聞予褒卹浙江通志

忠臣傳

餘姚志

卷二十九 列傳一

三

餘姚志卷三十

知餘姚縣事唐若瀛修

列傳十一

施邦曜　姚成　王先通　吳道正
姜一洪　熊汝霖　孫嘉績　鄭遵謙
王翊　邵一梓　沈之泰　黃志先
邵之驊　楊在

明

施邦曜字爾韜萬歷四十一年進士不樂爲吏改順天武學教授歷國子博士工部營繕主事進員外郎魏

忠賢與三殿工諸曹郎奔走其門邦曜不往忠賢欲困之使拆北堂期五日適大風拔屋免譙責又使作獸吻倣嘉靖間製莫考夢神告之發地得吻嘉靖舊物也忠賢不能難遷屯田郎中稍遷漳州知府盡知屬縣奸盜主名每發輒得闔郡驚爲神盜劉香李魁奇横海上邦曜禁香母誘之香就禽魁奇援鄭芝龍事請撫邦曜言於巡撫鄒維璉討平之遷福建副使左參政四川按察使福建左布政使並有聲或餽之朱墨竹者姊子在旁請受之曰不可我受之即彼得以乘間而嘗我我則示之以可欲之門矣性好山水

或勸之遊峨嵋曰上官遊覽動煩屬吏支應傷小民幾許物力矣其潔已愛民如此歷兩京光祿寺卿改通政使黄道周既謫官復逮下詔獄國子生涂仲吉上書訟之邦曜不爲封進而大署其副封曰書不必上論不可不存仲吉劾邦曜邦曜以副封上帝見其署語怒下仲吉獄而奪邦曜官踰年起南京通政使入都陛見陳學術吏治用兵財賦四事帝改容納焉出都三日命中使名還曰南京無事留此爲朕效力吏部推刑部右侍郎帝曰邦曜清執可左副都御史時崇禎十六年十二月也明年賊薄近郊邦曜語兵

部尚書張縉彥檄天下兵勤王縉彥慢弗省邦曜太息而去城陷趨長安門聞帝崩慟哭曰君殉社稷矣臣子可偷生哉即解帶自經僕救之蘇恨曰是兒誤我賊滿衢巷不得還邸舍望門求縊輒爲居民所麾乃命家人市信石雜燒酒即途中服之血迸裂而卒邦曜少好王守仁之學以理學文章經濟三分其書而讀之慕義無窮魯時昇者里同年生也官庶吉士殁京師邦曜手治含斂以女妻其子嘗買一婢命灑掃至東隅捧篲凝視而泣怪問之曰此先人御史宅也兒時墮環茲地不覺悽愴耳邦曜即分嫁女資擇

士人歸之共篤於內行如此福王贈太子少保左都御史謚忠介

國朝賜謚忠愍明史本傳

姚成字孝威崇禎中以儒士官中城兵馬司副指揮流賊破京師整冠束帶自縊妻袁氏子逢元亦死之勝朝殉節諸臣事蹟案明史見附傳

案舊浙江省志作姚誠慈谿人兵馬司吏目然明史及横雲山人史稿諸書俱作餘姚人疑省志係掇拾之訛也慈谿鄭梁文集嘗云甲申之變谿上人無一人汙僞命者亦無一人殉國難者梁喜從

遺老訪問軼事且見聞較近其言可信是姚成非

慈谿人明矣

王先通字則陽守仁曾孫崇禎十三年襲封新建伯掌

前軍都督事十七年三月流賊薄京師命守都城城

破先通下城巷戰手刃數人被執大罵賊怒割其舌

猶含血噴賊剖其心巳復殊之福王時從祀旌忠祠

先是先通從兄先鐸官彰德府同知流賊犯河南戰

死先通子業泰字士和福王時襲封後被執於杭州

不屈死之勝朝殉節諸臣事蹟

案明史稿備載南都從祀勲臣姓名又言諸侯伯

多以拷掠死益南都從祀濫及於襄城伯李國楨

固不能盡信爲殉節而死若先通慷慨死難見王

思任祀事蹟其些詞千載猶有生氣而𡨋從子弟

先後視死如歸洵不愧文成之後矣表而出之毋

使與國楨諸人同類而譏之也

吳道正少以詩遊江淮閒史可法開府揚州闢招賢館

見道正器其才留爲督餉知縣

順治二年王師下揚州道正守西門城破死之勝朝殉節諸臣

事蹟

姜一洪字開初萬歷丙辰進士授武學教授累遷南京

吏部郎中出爲山西副使俗多溺女緩葬一洪下令禁之俗爲一變轉河南叅政分巡禹州時流賊屢犯境河決民不得耕一洪日不撫之民盡爲盜矣開倉賑之流亾悉返老囬回犯河北一洪多張疑兵而自率勁卒當中堅出賊不意破之賊遁走入秦河北獲全擢福建按察使廣東布政使入爲太僕卿以艱歸唐王在福建召爲戶部侍郎鄭芝龍專政一洪上言曰今關外不發一矢而徵餉剥及細民此不可旦夕之勢也楊廷麟等死守贛州意氣激厲宜覲赴其營荷戈爲諸臣倡王納之事不果行

順治三年大兵定福建唐王將出奔贛州命一洪先行集援師未至而汀州降贛州亦破一洪賦詩四章自縊於椰木菴諸生鍾國士殮之（勝朝殉節諸臣事蹟）

熊汝霖字雨殷性沉毅有遠畧登崇禎四年進士知同安縣紅毛入犯渡海擊破之擢戶科給事中時國勢日蹙汝霖數建白大計剴切事弊顧時不能用帝欲振諸臣遝懦不次拔擢小臣多張虛談以媒進汝霖言量才不如覈勞破格用人當預絶其倖階一切御覽敘功名色皆宜報罷保舉大將必連舉主庶杜債帥之風事勢艱危視行閒大臣爲成敗盧象昇未褎

楊嗣昌未罪殊挫忠義氣闕督范志完鳳督馬士英保督侯恂等才守俱弱宜令量才自陳功罪不明何以勸後不報京師戒嚴汝霖分守東直門疏言將不任戰視來師南北往返謹隨其後如厮隸之於貴官負弩前驅望塵靡及何名爲將何名爲督師自戒嚴以來臣疏凡二十上援勦機宜百不行一而所揣軍情不幸言中矣比者外縣難民紛紛入都皆云避兵不云避敵朝廷歲費數百萬金錢以養兵豈欲毒我赤子哉帝惡其語觸時忌謫福建按察司照磨福王在南京召還上言臣自丹陽來知浙兵爲邊兵所擊

火民居十餘里邊帥有言四鎮以殺掠獲封爵何憚不爲臣意四鎮必毅然北行一雪此恥今戀戀維揚何也況一鎮之餉多至六十萬勢必不能供即仿古藩鎮法亦當在大河以北開屯設府曾奥窔之內而遠以藩籬視之臣觀近日事勢諸臣爭誇定策罔志復仇處堂鬭穴始則武與文爭繼則文與文爭廟堂之上無人臣禮阮大鋮之起陽消陰長間不容髮方且亂政亟行議復廠衛臣思先帝十七年憂勤圖治惟廠衛未除未免府怨際此艱難正宜大開文網推誠布公使人人畢忠效節何得尚沿此弊前事不遠

後事之師先帝篤念宗藩而聞寇先逃誰死社稷先
帝倚重武臣而叛降跋扈肩背相踵先帝委任勳臣
而京營銳卒徒爲寇藉先帝兼用内臣而開門延敵
衆口喧傳先帝不次擢用文臣而邊才督撫誰爲捍
禦超遷宰執羅拜賊庭知前日所以失卽知今日所
以得矣疏奏停俸尋補吏科右給事中踰月奉使陛
辭言朝端議論日新宫府揣摩日熟自少宰樞貳悉
廢廷推四品監司竟晉詹尹蹊徑叠出謠詠繁興一
人未用便目滿朝爲黨人一官外遷輒訾當事爲可
殺置國恤於罔聞逞私圖而得志黃白充庭金紫塞

路六朝佳麗復見今時獨不思他日稅駕何地耶汝霖早著直諫聲及在南都益發抒言事疏出天下傳誦之馬士英等扼其議惟結黨援圖報復以迄於亡杭州破汝霖募兵寧波與孫嘉績同起西陵迎奉魯王爲拒守計時

順治二年閏六月也魯王在紹興猶沿承平故習汝霖毅然議進取渡西陵駐喬司進至海寧名父老諭以國事拜轅門者萬人以縣進士俞元良指揮姜國臣主海寧事遠近響應所在號熊兵加兵部侍郎兼左副都御史七月八日海寧復破元良戰没閱月國臣復

聚潰衆入守海寧前定番總兵汪碩德集兵雙林請師期使移駐塘西八月五日遣副將趙淸會義興將鄭維翰赴黃天蕩繞大營之背前鋒黃岳參將盧崇邵應斗四百人伏海塘監軍孫嘉績總兵張名振並置伏兵斬首六十維翰兵失期不至趙淸被矢亡失十餘人十六日還喬司汝霖營於中嘉績營於東錢肅樂營於西遣盧崇壽允昌抵牛頭寨焚大營百騎突出都司張行龍戰甚力騎東去岳應斗接戰勁旅大至綴三將以數百騎趨汝霖親兵胡升發大炮斃七騎騎東衝孫營炮炸遂敗爭舟墮水汝霖馳刀砍

之不能禁諸生趙之堅奮長刀殺六人叅將盧瑋新至亦奮戰盪決辟易既而簇騎攢之與孫光祖周宗鎬胡升各被數十創死汝霖大呼船兵再上矢及身帳下强掖下小船親知死者數十人九月諸帥相見於小亹議大舉期以九日會龍王堂風雨阻潮皆失期汝霖獨帥所部至六和塔助王之仁戰於江十二日再戰牛頭灣之仁管卒離散有逃者當是時浙西歸順民望王師如時雨汝霖等欲以一隅之力抗拒
天朝識者皆知其無成而汝霖意不爲阻言於魯王曰朱大典部內火器最精原任總兵壽允昌文武兼才

豈合投閒諸暨當使統大典兵至江上海寧疆域未定宜令張名振速渡以固浙東門戶會名振徑歸石浦不爲用唐王自立於福建移檄浙東魯王欲返台州汝霖疏留以爲今日當以議功爲上策王誠力疾江干檄閫師來會恊力同心事或有濟若戀戀宮眷遽返旌旄思爲退保之圖久成日蹙之勢傳之海內未爲克讓近日寧鹽諸生沈棻查繼美陸鳴時等來言家難狀徐出啓疏以嘉湖鐵騎盡返武林但得精兵數千攻取嘉興斷往來餉道則西泠坐困勝於阻江索戰主客之形勞逸百倍若退避台州復何望哉

王善其言不果行十月汝霖移泊龍王堂又言今日會稽隙地竟作京維規模諸臣之薪膽未嘗未世之秕政悉匯內員出司軍餉外戚入典禁兵驕卒鬨於街衢青衿譁於廷陛行閒文武動以朝政爲辭文其退縮伏願奮然更始以期後效十五日汝霖揚帆渡江奪鄭遵謙所失大舟以歸十八日又進軍部將魏良黃麒吳彪先登交戰汝霖督軍中小舟對射騎死百餘諸生錢振宗死者亦十餘人汝霖麾下多農井新募徒以意氣相激發在西興一年小大數十戰累遇敗覆然悍將如王之仁方國安皆感其誠陳萬良結

砦塘西汝霖使招之萬良受書泣曰久望熊督師恨無路自達耳後萬良卒戰歿於武林

順治三年六月大兵渡江汝霖從魯王入海次長垣時唐王走死閩地內附魯王以汝霖爲東閣大學士因鄭彩軍抵福州先後取三府一州二十七縣旣而盡失鄭彩專政汝霖以禮折之彩恚甚汝霖休沐琅琦島彩遣人夜縛汝霖及其幼子投海中勝朝殉節諸臣事蹟案明史汝霖有傳

案汝霖爲鄭彩所害事見正史高承埏忠節錄據何楷詩謂其自縊於野寺當屬傳聞之誤

孫嘉績字碩膚大學士如游孫也崇禎丁丑進士除兵部主事楊嗣昌薦其知兵擢職方郎中太監高潛求世廕嘉績格弗與起潛侍上觀德殿閱軍器乘間言嘉績不職復令其黨給事中某劾其納賄遂下獄時黄道周亦廷杖入獄襆被藥物俱不得進嘉績移服用奉之且從受易會諸生涂仲吉上書頌道周上滋怒察獄中與道周交通者衆多爭辨自異嘉績獨曰昔黄霸受經夏侯勝史傳以爲美談今復何諱刑部尚徐石麒清獄出之踰年起九江道僉事未上

順治二年大兵定江南檄下浙東紹興通判張愫迎降

餘姚知縣王曰俞逃去閏六月巳丑攝篆官發餘姚閭左爲馳道衆譁嘉績乘勢殺攝令鄉官邵秉節陳相才諸生呂章成沈之泰邵應斗等遮拜嘉績里中願從者數千人欲推嘉績爲盟主辭曰舉事須得其人熊雨殷有執持識兵勢當奉其約束會汝霖自寧波募兵至遂偕赴西興魯王至紹興進嘉績兵部侍郎兼右僉都御史轉戰喬司親受矢石臨陣則汝霖當先嘉績繼之餉不給則毀家産佐軍每對賓佐泣曰身先人餘也義同國存亡雖懼事不集死無面目見君親耳聞者感動嘉績本文士黽勉軍旅招火

器營使章欽臣將之與世忠營合浙西尚寶卿朱大定太僕卿陳潛夫皆與相結而悍帥不爲用初嘉績與汝霖創立行營於浙東亡將潰兵因弛荷擔後來益衆客反居上方國安擁重兵嘉績屈意勉其濟難國安逍遥殊無意一年中靡餉數百萬皆出八郡民貧富交盡卒以自敗紹興破嘉績從魯王入海進東閣大學士丙戌六月卒於舟山之道隆觀勝朝殉節諸臣事蹟

案明史嘉績見附傳

鄭遵謙字履恭世居臨山父之尹山西提學僉事徙居會稽遵謙少爲諸生任俠鬬雞擊劍不爲繩墨之士

所禮京師破遵謙陰養健兒市好馬意指莫測太監屈尚忠逃至紹興遵謙執殺之曰吾聞之劉先生宗周凡逃官皆可殺也南都破遵謙欲舉兵之尹禁之不可

順治二年王師入杭州閏六月辛卯遵謙結郡中少年誓於水神廟道遇會稽新令彭萬里殺之遂攻府署殺權知府張愫即檄守道于頴以五百人西扼錢江翼日餘姚孫嘉績使者至遂斷江流魯王授遵謙義興將軍令技勇出屯小亹八月諸營渡江遵謙戰甚力副將鄭繼翰抵太平門被砲死九月及督師熊汝

霖武寧伯王之仁會龍王堂旦大風雨遵謙後期汝霖等獨戰於江中十四日陳潛夫張名振敗於觀音堂遵謙亦失利夜歸小亹冬魯王勞軍西興晉遵謙爲義興伯明年三月朔遵謙從王之仁戰江中得鐵甲八百五月江上兵潰

王師至紹興之尹自縊遵謙從魯王浮海至中左所晉遵謙爲侯旋以爭商船與鄭彩交惡彩賊殺大學士汝霖遵謙忿怒見詞色彩使部將吳輝誘擒之輝慙不敢見遵謙呼曰汝鄭彩厮養殺我豈出汝意而慙相見乎就輝取隻雞孟黍奠汝霖跳海死弟遵儉後

從魯王至舟山歷官通政使嘗作哭兄詩曰不死葬中刀強死海中濤纍纍數百言聞者哀之舟山破遵儉死同里死者臨山衛指揮李開國勝朝殉節諸臣事蹟

王翊字完勳初從軍西興無所知名西興師潰翊歸餘姚私求壯士家貧授經以館穀量貲分給人感其意魯王在海上遣人授翊御史使舉兵翊結壯士十餘人起下管轉相號召浹旬得千餘人發辨士至舟山說黃斌卿同攻寧波寧波諸生華夏以帛書來告內應未幾夏等謀泄斌卿至寧波後期歛軍退翊遂入四明與張煌言郤一梓李長祥等分營互應而翊軍

最强以王江司餉沈調倫毛明山孫悅領部卒兩破上虞殺攝令得其縣印於是大帥檄四明村落結團練自爲戰守　大兵踰淸賢嶺攻丁山翊卒死者四百人孫悅戰殁御史慈谿馮京第自湖州軍敗閒行入翊軍屯於杜嶴爲團練所破郤一梓亦戰敗於下管翊乃自天台收兵還擊團練破之收散卒隨道招集得萬人使京第乞師日本將會兵由海道入長江會斌卿弟孝卿敗其謀遂與斌卿絕攻奉化不克戰於河泊所還入四明

順治六年魯王次健跳翊往見加右僉都御史次舟山

再見加兵部左侍郎時嚴我公爲招撫使招湖州柘襄甫會稽顧虎臣降之我公將渡海發使者入四明山翊部將黃中道邀殺之翊謂京第曰今與我犄角惟舟山我破舟山無援舟山破我亦孤事未可知然豈可負乘桴之望哉明年破新昌越餘姚拔滸山紹寧道梗　大兵將取舟山惡翊反內地乃分兵二道金礪自奉化田雄自餘姚會擣大嵐翊戰敗京第被獲於鶴頂山翊至北溪爲團練所執過奉化賊絕命詞軍府廷鞫之翊不屈總兵劉進忠射之中肩田雄中頰金礪中脇不動如貫植木絕其吭乃仆毛明山

暨鄞人陸宇鼎購其首葬之王江及訥倫俱戰死於四明山翊執後一月舟山破魯王奔廈門勝朝殉節諸臣事蹟參舊浙江通志翊見附傳

邵一梓字端木少與兄一桂慷慨自許從軍西興毀家以助資魯王在海上授一梓威魯將軍屯四明山有衆萬餘勢銳甚郡邑相戒毋犯邵不林鋒不林其號也後戰敗被執嘆曰勿破我巾我將見先人於地下一楨字支幬諸生善屬文偕其弟一槐一楠一棟先後俱戰死勝朝殉節諸臣事蹟

沈之泰字魯瞻弱冠通諸史推官陳子龍亟稱之同邑

孫嘉績呂章成邵以貫皆與爲執友福王時恩貢第一魯王授中書舍人從魯王入海後遣至寧波使招兵爲里人所白執繫會城海道王天錫其家世舊契也欲出之之泰不可仰首曰蹈海誠夙志死無恨且我與若絶交久矣若何顧慮爲在獄賦詩作畫神氣暇適先是有萊傭負巨室逋肩掠之以之泰救免至是傭在杭州日饋飲食之泰死傭乞其屍埋之勝朝殉節諸臣事蹟

黄志先字渤海從軍西興累加都督從黄蜚至太湖兵敗服蟒玉自沉水中勝朝殉節諸臣事蹟

邵之驊字國艮崇禎庚午舉人知信陽縣流賊攻城不能下遷永寧知州能結獞猺以恩信累擢廣西按察司僉事順治五年王師定廣西桂王出走城破之驊抽刀自殺勝朝殉節諸臣事蹟

楊在少遊南粤桂王試博學鴻詞得錢秉鐙八人在與焉授編修累官禮部侍郎從桂王至緬甸爲緬人所殺勝朝殉節諸臣事蹟

案施公邦曜殉節于崇正甲申三月

皇朝順治中卹蒙

賜謚乾隆四十年冬奉
恩旨表章明末諸臣史館編纂勝朝殉節諸臣事蹟薈
萃進
呈仰蒙
欽定分别專謚通謚及從祀于鄉者於是餘姚如熊汝
霖鄭遵謙王翃等俱邀
賜謚餘各仍其原官從祀忠義祠諸臣瑣尾流離得荷
聖朝曠蕩之恩豈非厚幸哉

餘姚志卷三十終

餘姚志卷三十一

知餘姚縣事唐若瀛修

列傳十二

明

管宗聖字允中少有異稟錢德洪見而器之命侍講席
繼從孫鑛學詩有聲諸生閒顧不屑意舉業好致良

知之學期於躬行與沈國模史孝咸孝復講學半霖月一會設科造士時劉宗周舉證人會於白馬岩居宗聖等與相應宗周嚴許可獨稱宗聖篤實引重之崇禎中祁彪佳薦於朝徵不起卒年六十四宗聖孝友忠亮强氣自克既沒人無閒言紹興府志

沈國模字叔則爲諸生好讀傳習錄入嵊謁周汝登汝登契之使見劉宗周遂與證人之會歸建義學於半霖其學以求仁爲宗因事啟迪聞者感動當是時天童僧圓悟方以虛無之說煽惑儒者宗周深嫉之國模顧與往來問難圓悟亟稱其開敏由是遠近譏國

模爲禪學然國模內行修整議論依於六經早歲善祁彪佳彪佳巡按蘇松一日杖殺巨憝數人國模適至欣然舉以告國模遽呼其字曰世培亦聞曾子之言哀矜勿喜乎彪佳改容謝之後語人曰吾鞫獄必念叔則恐倉卒喜怒過情負此友也宗周彪佳俱以殉節死國模緇服屏居石浪不交世事惟教人之意靡倦使門人重繕義學月旦臨講卒年八十二紹興府志

史孝咸字子虛性和粹衣冠整肅笑顰不苟義學初建沈國模等擁臯比論學傳者以爲怪及見孝咸同主講席醇謹者稍歸之劉宗周招之入郡與陶奭齡尤

相契華亭陳繼儒見而心折曰善氣迎人此吾師非吾友也孝咸博學工文章兼擅藝事既講學則務自韜晦家貧簞瓢相對晏如也顧留意時務劉宗周起吏部侍郎以疾未行孝咸與書曰寇深矣拯溺扶顛刻不容俟與疾以往可也宗周謝之既而宗周以言事斥歸與論誠意之學相信彌堅後國模三年辛年七十八紹興府志

史孝復字子復孝咸弟志行淵密灑然和樂人比之東漢徐穉劉宗周講學謂意爲心之所存孝復引良知之說往復辨難數千言宗周嘆爲起予其後葉廷秀

董標引伸其緒於是宗周之學始著崇禎十七年卒
餘姚自沈國模創義學後改爲姚江書院弟子紹其
傳者數世稱國模及管宗聖孝復兄弟爲書院四先
生紹興府志
蘇元璞字禹氏父萬傑雲南布政使有循聲元璞少爲
諸生非其好也受學沈國模講艮知之學國模弟子
多高曠之士端恪稱邵曾可簡質稱史標而堅毅則
稱元璞嘗謂艮知當驗諸應事徒騰口說無益也偕
同里鄭錫元山陰王朝式營姚江書院居家孝謹喜
任卹流賊犯京師創議勤王事雖不行識者韙之錫

元字奠維曾可字子唯標字顯臣並以布衣終

張廷賓字客卿少與兄廷宰砥礪問學天啟五年舉於鄉爲鄞縣教諭識高宇泰李鄴嗣於諸生中崇禎十六年會試施邦曜方赴召北上招之同行邦曜將陛見廷賓進說曰流賊滋蔓畿輔震驚而言事者侈陳治道攻訐隱私何補於濟亂爲今之計宜去督師監視之名慎擇巡撫專任以討賊分據要害相機勦禦而中樞勿擾其權何至疲於奔命救過之不暇哉今饑饉載道追逋者猶未已是驅使從賊也除額外之征下寬賦之詔以結人心目前要務莫急於此邦曜

卽疏言之報聞復偕邦曜之官南都抵良鄉邦曜名還廷賓遂歸福王時除望江知縣道梗不赴廷賓少與沈國模善及聽講於書院遂稱弟子遭亂從者離散廷賓獨守故廬弦歌不廢事定乃之雪竇爲僧與周齊會徬徨山澤閒東南高蹈之士多歸之卒年八十八子炯曙能嗣父志不交當世事炳燭齋邈士傳

張應聘諸生受學劉宗周南都破宗周使應聘說守道于穎調兵食保越江之險穎不能用杭州降宗周慟不食應聘偕同里呂滋進曰先生係天下之望今浙東有魯惠二王閩黄公道周越在近郊誠擇諸王賢

者與黃公開道走閩以海師下江南則浙中自定轉危行奇顧先生計之宗周謝以時不可爲應聘沈吟曰然則降城非死所也宗周遂出居楊枋絕粒死應聘竟以布衣終四明者舊錄

李安世字泰若有志節會試入都同里黃尊素以直諫下獄交遊引避安世獨入獄省視之獄卒訹以危言不爲動好求有用之學黃道周與論三易洞璣深契其旨道周曰泰若今之元定也爲泗州學正史可法奇其才徵舉以代州守固辭乃止崇正十六年成進士嘆息語其弟曰諸臣泄泄猶燕雀之巢幕而不知

危也亟去乃免遂歸杜門不出後孫嘉績强起之劾悍將張國柱幾爲所害謝疾歸耄年貧甚同年生爲知府餽金不受過其廬則堅臥不起曰病不能肅客安世好遊山登陟如少壯後製一舟名曰獨居舫自號藍溪釣叟年九十卒弟盛世字生虞青豐知縣早告歸與安世同志炳燭齋逸士傳

郤之詹字思遠崇正癸酉舉人與孫嘉績舉事魯王至紹興授戶部主事時朱大典守金華王之仁方國安各以兵至西興爲重鎮嘉績及熊汝霖章正宸鄭遵謙錢肅樂沈宸荃各名募市井爲鄉兵陳潛夫于穎

所部爲客兵俱取餉於戸部之詹請畫地分餉金華給大典台州給國安寧波給之仁紹興正賦則以給鄉兵及客兵之任戰者而悉由戸部筦其出納以杜爭端廷臣不可議以鎮兵食正餉鄉兵食義餉之詹言義餉者無名之稅徵之民間富室諸臣慷慨舉事必不忍虐及鄉里且近日海寧之戰喬司之戰富陽之戰皆鄉兵爭先而鎮兵僅遥爲聲援列坐江口飽食而嬉豈不内愧夫鄉兵單弱固知非鎮兵不足以創立行營然列營將帥果能協志前行則目前尚可設餉若遷延觀望計較軍貲民心潰散餉無從徵將

不知所歸宿矣不報擢戶科給事中內臣客鳳儀李
國輔兼制軍餉之詹力言其非制方國安并奪義餉
復言於張國維請其約束未幾事敗歸四明山莊數
月嘔血死四明舊録者

呂章成字裁之善詩古文與陳函輝張明弼揚體元爲
意氣之交函輝從事紹興欲薦爲翰林待詔章成曰
左副憲蠟丸新至江東諸臣流涕尚思奮發不數月
而驕安如故矣悍將驕兵日事寇鈔細民則鞭撲以
輸資謂之打糧巨室則要挾以索賂謂之送餉越城
中顛躓狼狽救死不遑豈復可爲之日邪函輝死章

成走哭於台州意有感觸則惘惘獨行欲得異人而友之訪戴易於鄧尉遇顧絳於昌平山中慷慨賦詩歷吳齊燕粵卒無所遇乃歸名其藏書之室爲蓼園曰予集於蓼孰謂荼苦者病中自燬其著述曰此無用之虛談也弟叔倫字漢嶴少遊餘杭受業於黃道周道周歿叔倫與何瑞圖守其遺書隱於大滌山中炳燭齋逸士傳兼采餘杭縣志

朱之嶼字楚嶼以詩見知於張國維後之舟山依黃斌卿斌卿强悍不法之嶼數有所匡正馮京第使日本之嶼偕行至長崎島許發罪人三千京第先還之嶼

意未慊請謁見將軍陳方畧已而事不行遂留海島日本師奉之爲闔致良知之教島中納侍女十二人竟不一御卒葬島中縣人張五皐如長崎島還傳其事炳燭齋逸士傳

郤以貫字得魯少與兄以發並有文聲以貫尤狷潔從沈國模講學志在經世歲饑與鄭錫元蘇元璞爲義倉里人德之孫嘉猷招入幕府數言崇明爲浙江門戶宜急應吳淞成約勿使有牽制因列海道圖爲議以上嘉績曰終賈才也嘉績死舟山以貫屢往來甬上爲怨家所持瀕於死友人救出之乃之雪竇依張

廷賓已以省母返居潭上園復與黃宗會狂走四明迷失道遇陳從之於石屋山從之亦餘姚人故時嘉績之監軍也居山中不與人接以貫欲依之居從之曰子有母在未可來也乃使人導之出未幾宗會卒以貫亦病歿於楊庵四明耆舊錄兼采結埼亭集

譚宗字公子善詩文工篆隸性孤峻不妄交人顧好出遊遇俗客輒面壁坐求書者非其人雖厚幣亦却自謂於六書樂律獨有神解聞者莫能省也後卒於揚州邗江小志兼采卓爾堪撰傳

翁逸字祖石性瀟散工詩書家居教授不求名譽以布

衣老舊浙江通志

案康志成書之後議者譏其遺漏賢子孫紛紛續刻事出倉卒痕跡顯然甚至有自刻生傳如胡纘曾者在續傳諸公砥行立名斷不得因子孫之亟於表揚而疑其祖父然既有自刻生傳之人亦不能遽信其子孫所表揚者爲確據也余於志局初開即分列續傳姓名并指明其稱謂之舛誤行列之參差揭示學宫令其子孫别求可據之書彙送志局以俟覈實補傳而一年未有應者間或懇切來告亦惟以舊志已載爲辭蓋習久事忘遂誤以

增刻者爲舊志原本豈知攙入之痕迹至今尚不可掩哉夫人物必憑公論若子孫自爲增刻而後來修志者不敢删移將從此效尤何所底止且作傳必有底本既別無可據之書而子孫自作之家傳又不應重爲刊刻與其冒濫毋寧闕疑閱者宜鑒余衷勿謂其擅删舊志也

餘姚志卷三十一終

餘姚志卷三十二

知餘姚縣事唐若瀛修

列傳十三

國朝

黃宗羲字太冲尊素長子受學劉宗周發明誠意慎獨之學一時推爲劉門董常黃幹先是尊素死詔獄宗羲年十九袖長錐草疏入都訟寃得賜祭葬贈卹再

疏請誅魏忠賢遺黨李實許顯純及對簿以錐錐顯純血流被體李實辨疏劾尊素非己意代草者乃李永貞宗羲發其行賄復用錐錐實卒論顯純如律永貞抵死又與夏承周廷祚擒獄卒顏咨葉文仲箠殺之拔崔呈秀之鬚焚於父墓宗羲期冒死報讐義不他顧臨鞫慷慨泣血觀者無不裂眦變容當是時姚江黃孝子之名聞天下阮大鋮居南京宗羲與吳應箕等揭逐之福王時大鋮驟起嗾私人奏逮宗羲南京破得免孫嘉績柯夏卿在紹興交薦其才張肯堂浮海亦以書招之宗羲念母老避居萬山中發宗周

遺書讀之爲學博涉無津涯歸於深造自得篤信師傳謂劉子之學集宋以後諸儒之大成同門惲日初張履祥時設異論宗羲弗顧也康熙十七年學士葉方藹薦博學鴻詞十八年左副御史徐元文舉遺獻徵修明史以老病不能行

詔取所著書宣付史館當事屢請講學辭不赴惟復舉證人會寧波績學之士十餘人聯袂稱弟子宗羲論易宗王程謂象數之術多依附於聖經古文尚書雜取諸子當別其醇疵論禮服不取敖繼公當從鄭康成舊說浙中學者不以空言談性命而求諸遺經自

宗羲始其論史則先志表而後紀傳嘗校正漢書推月法欲補宋史之遺存目錄三卷尤諳悉明事論儒學不當分同異天文律算西法本於周髀又分别明末諸臣之邪正史館多取裁焉卒年八十六所著書傳於世浙江通志儒林傳兼采紹興府志案大清一統志宗羲有傳

韓孔當字仁父沈國模弟子其學以致知爲宗求友改過爲輔人之自得教學者舉孟子告景春語使人有壁立萬仞氣象如濯江漢而暴秋陽國模殁後書院輟講康熙八年孔當主院事居貧長約敝衣蔬粥終身不改未嘗向人稱貸痛近世吉凶不遵古禮風俗

敝而物力殫曰志聖人之學須從立身處家始出陸梭山居家四則命各書一通曰能倣此亦自足用不必出見紛華而悦也卒年七十三紹興府志

俞長民字吾之受業沈國模與韓孔當邵元長稱入室弟子孔當沒長民繼主講席毎語今之半霖昔之河汾也諸生有能爲董薛房魏爲萬世開太平者乎此沈先生志矣年八十餘卒無子抗言高志人顧思之紹興府志

姜希轍字二濱明崇禎壬午舉人順治初補温州教授攝縣事以民兵破海寇陞元城知縣鄰郡饑流民蝟

至時逃人令嚴無敢收者希轍悉留之令懇荒地受僱得食全活以萬計卓異擢户科給事中疏陳侃侃切時政歷奉天府丞乞養歸服闋不起與黃宗羲等論文講學四方之士皆趨之浙江通志循吏傳

黃宗炎字晦木尊素仲子負奇氣久居四明爲馮京第所引逮下獄友人萬泰救之得免隱居著書講易不襲訓詁通六書之旨以明作易之源獨開突奥又辨正太極圖說學者多傳述之舊浙江省志附傳

黃宗會字澤望尊素第三子崇禎中拔貢讀書一再過不忘一日所讀必盡百頁以爲程有事則次日倍其

常課自經史四部而外釋道二藏未嘗不一周也詩文古澹而字有根據不見用事之跡著有縮齋文集十卷其著釋教書如牛毛繭絲爲其教者亦嘆以爲弗及浙江通志文苑傳

姜廷梧字桐音長於詞賦聲噪江淮間有文集行世浙江通志文苑傳

邵廷釆字允思諸生少從韓孔當講學於姚江書院交戢山弟子聞誠意慎獨之學欣然有得數困舉場好求經世大畧每談忠孝節烈事奮袖激昂神氣勃發於明末諸臣尤能該其本末搜討掇拾欲成一書稿

初就未竟而卒有思復堂集行於世浙江通志文苑傳

趙一桂順治間爲沔陽州同知殉難康熙年

詔贈沔陽州知州遣官致祭湖廣通志

案以上九傳俱見省郡志信而有徵今次第增載

鄔景從字嘉賓順治己丑進士除行人遷職方主事莞

督捕逃人捕司故明鎮撫獄也地卑濕囚多瘦斃景

從捐俸改治陞户部郎中出視河南學政甫至攝按

察司篆殫心平反開封自流賊决河城衢壅塞景從

相度形勢修復古道居民便之尋按試各郡以部胥

侵盜事覺詞連景從去對簿事得白以按察司僉事

分巡雲南永昌道兵燹後姦猾竊發景從縛渠兇俞起元等寘之法鄰屬魯魁山土司楊宗周素桀奡總督屬景從兼治之景從曰苗猶獸也不可當示威乃諭以理即款服迤東帖然年七十歸一載歿舊志

案康志載 國初名臣僅鄔公景從一人士大夫較短絜長比物連類百年以來相持未決余不能辨也今從舊志去其冗辭以俟論定

翁運標字雋工雍正癸卯進士知河南桐栢縣移知湖南武陵縣湖南人歡迎曰是故孝子也吾屬乃得慈父矣先是運標父瀛依人之廣西舟過祁陽新塘站

夜失所在運標及其兄運槐俱幼母以哀慟卒遺言二子必成立乃得尋父勿令翁氏絶嗣運槐年十三禱於神得意外生還語三卜三兆則徑走桂林柳州閒徬徨無所遇病殆於逆旅鄉人爲賈者拯之歸姊迎泣曰孺子萬里獨行遺一小弱弟獨不念母氏嗣續之望耶運槐乃飲泣家居焦身苦行課運標學運標稍長愈發奮欲尋其父姊又持之既而兄弟各舉子甫三日遂決然遠行復禱於神得前兆兄弟爲零丁歷楚粤豫章匍匐萬山中灌莽蓁菁虎狼嗥吼不爲避兩年卒無蹤跡後爲小舟沿洞衡永閒泊白沙

洲有老人立江干語曰余爲鄭海還往者余弟海生
生子走告婦家渡江而溺附敗葦得不死顧見葦中
有死人慼其同難歸與余往葬之其狀貌與零丁絶
類且余弟之子長矣其生之日又與零丁之日符也
運標求遺物得小鑰遣人走訊其姊啟所藏父遺篋
牝牡脗合於是兄弟相率求得父墓生還之兆始驗
遠近稱爲翁孝子運標之官以禮化其民善決疑獄
縣民爭湖洲之利運標釐正疆域疏水道俾村民以
水爲界民欣然聽命擢知道州州居郴桂閒山徑隘
險運標爲鑿通衢八十里歲大疫手製良藥親至民

家視之曰父母遇子弟之病而恐不一顧耶以勞瘁卒於官州人至今思之運標造次依於禮初官桐柏聞兄運槐病甚即自告疾歸兄卒制服逾年湖南通志采朱仕琇梅崖集

孫維龍字　乾隆庚辰進士知黔縣移知鳳陽擢知亳州所至有聲調任四川從　大兵征金川木果軍營失事維龍死之贈道銜蔭一子從祀昭忠祠

案新增之傳除省志府志外祇載翁公運標孫公維龍二傳蓋翁孝子傳多見於諸家文集湖廣通志已載入名宦而金川殉節之事有部案可稽也

姚江風氣醇樸士大夫多崇實而不取時名以余所聞循良孝友與夫豐才碩學之士近時不下數十人余初欲齋宿城隍廟與賢士大夫擇其尤見推許者編排立傳會余奉量移之檄急於成書未及與士大夫從容商榷矣夫人物必百年而有定論則康熙以後諸人留俟後定亦修志之舊例但既載二傳而餘尚闕載恐無以副賢子孫之望然一統志尚未告成省志府志當以時增輯其書較縣志易於行遠賢子孫自可次第闡揚又如浦陽人物志新安文獻志皆於邑乘外自爲一書而後

來修志者轉得以取資姚江多好古之士倘於志書所闕軼者補輯舊聞别成新著俾將來有所考余尤有厚望焉

餘姚志卷三十二終

餘姚志卷三十三

知餘姚縣事唐若瀛修

列女傳

后妃

梁高祖阮修容諱令嬴本姓石會稽餘姚人也高祖納爲綵女天監六年八月生世祖尋拜爲修容常隨世祖出藩大同六年六月薨於江州內寢時年六十七謚曰宣世祖即位有司奏追崇爲文宣太后承聖二年追贈太后父齊故奉朝請靈寶散騎常侍左衛將軍封武康縣侯邑五百戶母陳氏武康侯夫人梁書

明神宗孝端皇后王氏餘姚人生京師萬歷六年册立爲皇后性端謹事孝定太后得其懽心光宗在東宫危疑者數矣調護備至鄭貴妃顓寵后不較也正位中宫者四十二年以慈孝稱四十八年四月崩謚孝端明史

案舊志載宋太宗懿德符皇后邑開元鄉符彥卿之女考五代史及宋史彥卿宛邱人三女爲皇后一爲周世宗后一爲周世宗繼后即通鑑所謂後符后也一爲懿德皇后不知舊志何以止載其一又彥卿有戰勲見正史而舊志不爲立傳蓋里巷

傳會之談不足據也今從正史删去錄其定爲餘

姚人者冠於列女傳之首餘仍以時代爲敘

晉

定夫人孫氏者吳大帝族孫女也適虞忠忠死國事孫尚少誓不改節子潭自幼訓以忠義永嘉末潭爲南康太守杜弢叛孫以死義勉潭又傾貲佐其軍潭守吳興假節討蘇峻孫又盡發其家僮隨潭助戰貿所服環佩以爲軍資是時會稽内史王舒遣其子允之爲督護孫謂潭曰王府君遣其兒矣汝何獨否於是潭亦以子楚爲督護潭累功封武昌侯立養親堂事

母王尊以下皆就拜謁卒年九十五成帝遣使弔祭
謚曰定嘉泰會稽志

宋

胡宗伋妻莫氏通經學曉音律女紅之事不習而能年逾三十擇配未嫁聞宗伋賢許嫁之其姑宣屬疾莫籲天焚香爇臂祈代鄉人憐之爲作孝婦祠宗伋嘗開義學教訓鄉族子弟館穀之莫脱簪珥治具無吝及携莫就南宫試咨久甚困親故勸之歸莫持不可曰助宗伋訓學徒給衣糧必成名乃歸遭金兵至倉卒南奔宗伋感疾且苦莫勉之曰丈夫當如是強志

報其弟姪書謂定翁父子自恨儒生無可報國死生非所與論其顛沛引義慷慨如此門人孫介輯其書以比曹氏女誡宗伋及子沂俱有傳萬曆舊志

莫子純母虞氏詩書若素習既歸莫力任麄作晝夜辛苦無所厭而高筆雅韵常在事外夫死焚約棄責趣其子子純學子純發解南宮及廷試俱第一虞無喜色已而子純連外補亦無愠色常曰吾憂吾兒不及古人他尚可覬其後子純卒能以節義自持爲時名臣舊浙江省志

岑斌妻王氏早寡誓不再行或利其資粧欲强委禽王

曰留貧以賈禍也盡散以周宗黨勤苦織紝朝夕訓其遺孤及孤全登科王泣語之曰汝不及事父幸今得事君無苟祿位愧既死之父辱未亡之身君子以爲節婦賢母欲上其事於朝又令全謝止之謂常事無煩官府卒年八十二萬歷舊志

元

王文榮妻張氏名妙眞性至孝事舅姑先意承志姑壽考且死祝曰願新婦如我壽且後多賢後生嘉聞兄弟五人延良師教之妙眞初以高年淑德被旌至嘉閭貴封太原郡君壽百有四歲子孫曾元幾百八如

其姑之祝云文榮有義孫伯純亦娶張氏張年二十一而寡即自誓曰死不辭吾孤奉吾舅姑毀節負吾夫吾無以出吾閭王氏族戚衆張爲宗婦有志節閨門以爲儀則州里上其事與趙貞同日被旌世傳異之萬歷舊志

義婦高氏燭湖居民之女初許嫁里人張氏子已而張瞽張父母介媒者曰吾子不幸瞽高氏女惟其改卜所歸父母將諾之婦涕泣曰男女通名禍福無改命之所遭義無離貳今夫不幸瞽我遂棄之而彼卒以瞽受凍餒我何面目立人世耶父母悟卒歸於張鄉

閭高其行號曰義婦萬歷舊志

韓孚妻黄氏名玅權歸韓五月而寡未有子以夫兄子賚爲後誓不再嫁至正初守上塘千戶曳剌者知其有殊色欲娶之媒者以權貴動玅權玅權叱之曰千戶受朝命鎮撫民者乃欲奪寡婦志曳剌止不敢復强旣而方國珍有驍將葉某復欲脅娶之玅權操刃劃檻曰敢越此戶議婚者吾以頸血濺之葉將聞而嘆曰吾爲男子受大將付託臨陣顧不能死彼婦人乃獨肯輕生誠羞之自是無敢復言娶者玅權卒全其節云浙江通志

楊彦廣妻董氏名淑貞董仲安女以孝聞適彦廣生子鎮甫歲餘彦廣死淑貞年十八姑老子幼其母憫其年盛欲奪而嫁之淑貞以死自誓屏膏沐躬紡績樹藝以業其家而養姑姑甚安之姑病劇淑貞焚香禱天刲股肉雜糜食之姑遂獲愈已而姑卒淑貞哀毀幾不能生州里以聞表其閭舊浙江省志

明

姚孝女適吳氏母出汲虎銜之去女追掣虎尾虎欲前掣益力尾遂脱虎負痛躍去負母還藥之獲愈奉其母二十年明史列女傳

賣妙善京師崇文坊人年十五爲工部主事餘姚姜榮妾正德中榮以瑞州通判攝府事華林賊起寇瑞榮外出賊入城執其妻及婢數人問榮所在時妙善在別室急取府印開後窗投荷池衣鮮衣前曰太守統援兵數千出東門捕爾等旦夕授首安得執吾婢賊意其夫人也解前所執數人獨輿妙善出城適所驅隸中有盛豹者父子被掠其子叩頭乞縱父賊許之妙善曰是有力當以畀我何得遽縱賊從之行數里妙善視前後無賊低語豹曰我所以留汝者以太守不知印處欲藉汝告之今當令汝歸幸語太守自此

前行遇井卽畢命矣呼賊曰是人不善舁可仍縱之易善舁者賊又從之行至花塢遇井妙善曰吾渴不可忍可汲水置井傍吾將飲賊如其言妙善至井傍跳身以入賊驚救不得而去豹入城告縈取印引至花塢覓井果得妙善屍越七年郡縣上其事詔建特祠賜額貞烈明史列女傳

李烈婦吳江妻年二十夫與舅俱卒家酷貧婦紡績養姑已恒凍餒有黃某者謀娶之賄夫族某使餌其姑未郎從某乃隱與黃及父家約詭稱其母暴病肩輿來迎婦倉卒升輿旣及門非父家也姑亦踵至布几

脅遽使成禮婦佯曰所以不欲嫁者爲姑老無依耳姑既許復何言然妾自夫歿未嘗解帶今願一洗沐乂問聘財幾何姑以數對曰亟懷之去姑在我即從人殊赧顏也衆喜促姑行爲具湯湯至久不出闢戶視之則縊死矣明史列女傳

黃烈婦金一龍妻夫早歿黃截指自誓立從子爲嗣與姑相依熊氏子欲娶之毋黨利其財紿令還家閒道送於熊黃知勢不可挽願搜括所有以償聘金不聽相持至夜深引刀自刎未殊其姑聞之急趨視黃曰婦所以未即死者欲姑一面耳今復何求遂刎喉以

絶郡邑聞之斃熊氏子獄中明史列女傳

谷氏史茂妻父以茂有文學贅之於家數日鄰人宋思徵責於父見氏美遂指逋錢爲聘物訟之官知縣馬從龍察其誣杖遣之及谷下階茂將扶以行谷故未嘗出閨閤見隸人林立而夫以身近已慚發赬推茂遠之從龍望見以谷意不屬茂也立改判歸思思郎率衆擁輿中而去谷母隨之至思舍谷呼號求速死斷髮屬母遺茂思族婦十餘人環相勸慰不可解乘閒縊死從龍聞之大驚捕思思亡去茂感妻義終身不娶明史列女傳

舒貞諸仕俊妻年十八歸仕俊數月仕俊死於商其姑念貞年幼謀嫁貞以死自誓慕貞者乃重賂其父母私盟之貞知不免給父母治齋薦夫齋畢沐浴衣麻衣自經死王圻續通考

莫潤妻沈氏歸潤家貧甚潤復暴悍不治生沈勤苦紡績卒善視之養姑甚孝而身則凍餒既生子益不給潤脅以非義沈不從乃陰與富者約改嫁之沈懼不免自縊死王圻續通考

潘氏任正妻夫死守節終身隆慶四年旌王圻續通考

張員妻徐氏番陽進士徐勉之女能讀書鼓琴爲詩歌

貞有奇節徐未嘗以貧苦嬰情有林下之風蔡永承顏甚得姑心浙江通志

黃稔妻章氏二子皆妾生稔卒其長大綬未周歲章氏撫之衣食出十指守節數十年舊浙江省志

黃夫人姚氏上虞人父充俊年十六歸餘姚黃尊素尊素官御史魏大中李應昇每夜過議論至小人陰謀必形之嘆息卒以爲常姚間嘆息則終夜徬徨謂尊素曰公等不能先事綢繆徒作新亭之泣乎尊素被逮姚每夜祈死北辰之下願以身代魏忠賢伏誅贈尊素官姚封淑人南都諸名士攻阮大鋮以宗羲爲

揭首大鉞得志修報復中旨逮治姚喟然曰豈意章妻滂母萃吾一身耶國亡得不及於難壽八十七卒劉宗周瞿式耜皆稱之爲女師舊浙江省志

丁時妻孔氏丁行母也年二十三而夫亡長子任方二齡行孕未彌月茹饑服寒治麻枲爲食二子長脩贄使求名師事之任又早世歲乙卯倭入寇行負母以逃賊至縛行母奮身救護賊斷其左臂死之血淚交下賊亦動容遣之歸葬錢德洪慈節傳

王棋妻朱氏棋之祖譎父渭皆夭祖母胡母嚴少寡食貧棋又短折婦年二十二生子練甫數月瘠田數畝

量所入爲十二分每月用米一分煮粥作糜流者奉
姑浮者自食苟是月有意外之需借月米措給則忍
餓勤作以補不足不移餘月之儲糠粃糟蘖樹根蔬
實莫不遍食以自度又掩覆其事以慰姑心練長教
之持書隨入問字久乃出課童子以助母食嚴壽終
婦割田易貲以終喪葬積勞成病而歿年五十有八

錢德宏王

節婦傳

張椿十七妻陳氏夫死止一女氏自誓靡他女長于歸
一日鄰姬有詈失雞者語稍侵氏氏曰吾以息女故
忍死以至今日今女已有家乃不能死而受辱彼婦

之口即登樓閉戶絕粒其家人涕泣饋飲食氏自戶隙接而置之終不食如是者十日不死自縊而絕舊浙江通志

朱孔思妻白氏蘇州人孔思以縣尉需次卒於京殯畢氏自刎靈前建坊有司春秋祀之舊浙江通志

汪氏五烈汪材之繼室符氏性嚴介不輕言笑私一物嘉靖丙辰倭寇犯境娌姒倉卒謀避入山符曰賊躡我後必死山不若水之速而潔也乃促舟至菱池賊已逼符謂姊夏氏汪季妻從姊宜氏汪桓妻曰此吾等潔身處矣同行有老符氏汪錦妻其祖姑也曰吾

忍獨生乎隨連袂投池中賊見之駭散材之前配女吉瑗方垂髫亦投水死里人以一門五烈稱之東山志

黄金蘭胡悅妻黄元理之女年二十五而寡子在懷抱舅姑矜之曰不敢强汝守也金蘭慟不勝葬其夫旁置一槨明不更適蓬頭突鬢勤苦教子鐸舉進士累贈太宜人萬歷舊志

陳妙善孫原忠妻年十九而寡子汝宗纔一歲父母憫其少欲嫁之妙善泣曰所未從地下以姑老子幼耳今欲奪吾志旦暮相從也慟絶父母不敢言四十餘年里鄰白其事有司覈實怨家阻之因囚訊汝宗汝

宗不勝箠楚乃囓其指書衣間曰母氏志節萋毀讐
入生不能自死告鬼神書畢縊死有司亟上妙善事
表其閭萬曆舊志

霍淑清魏仲遜妻產一女而仲遜死淑清年方盛剪髮
毀形自明其志正統間詔旌其門萬曆舊志

鄒宏學妻汪氏少有至性年少夫亡有謀奪其志者汪
拊膺慟絕良久得甦復欲自經謹守之乃免教育孤
子有聞於時詔表揚之萬曆舊志

王氏二節紳之妻范氏綺之妻鄒氏范二十而寡鄒加
范一年遺孤俱幼父母舅姑皆勸之嫁范斷髮自誓

而鄰佩刀衣閒約曰有趣我嫁者此刀加頸衆莫敢强二氏相依勤苦織絍撫孤養老終身詔俱旌之萬曆舊志

史錦妻楊氏楊林女年二十一寡親屬憫其少無子速之嫁楊曰婦人從夫死生無二妾雖無子幸夫有弟安知其無子無爲夫後者失節之婦寧死不爲斷髮自誓紡績養姑十餘年而弟生次子曰鵾楊撫爲後又十年姑死楊已老詔旌表之萬曆舊志

顧氏二節蕙妻高第女茝妻黃源女也蕙茝皆少亡各有一男在繈褓娣姒相依爲命高氏躬築蕙墓有烏

飛集悲鳴墓成乃去莅貧未克葬鄰火將及莅棺黃氏伏棺號慟願與俱焚忽大雨反風火滅鄉里異之事聞被旌萬歷舊志

徐遂妻祝氏澤女年二十三而遂死有女一人乃撫遂之姪爲後卒以節顯詔表其門萬歷舊志

潘秉彝妻徐氏燦女年十九夫亡斷髮毀容奉姑甚孝家貧歲凶機杼取活鄰火將焚柩徐身蔽之火隨滅年一百三歲被旌萬歷舊志

胡鏜妻謝氏贈太傅瑩之女歸鏜生子三週而鏜死謝年二十餘舅姑已亡单子無倚或諷之嫁罵絕之鞠

遺孤躬力作業其家閭門推婦師焉詔旌表之萬歷舊志

吳天祚妻馮氏顯女夫病語馮曰慎勿辱我氏曰敢有二心鬼神殛之夫卒慟屢絶曰抱孤撫棺泣曰我不及黃泉者爲吳氏一塊肉耳母家欲使改節馮終身絶之事聞表其閭萬歷舊志

毛暕妻潘氏御史楷女年二十二寡舅姑葬暕止爲一壙潘哭曰是不知未亡人心也復設二壙家罹疫皆逃匿潘曰寡婦可出戶耶死無畏後匿者皆瘦潘獨無恙有司上其節詔旌之萬歷舊志

汪德清滑志能妻永言女歸五月志能死德清年二十

家貧無子防檢甚固卒以節自全事聞被旌萬歷舊志

楊芸妻薛氏天順癸未芸會試試院災焚死薛年少誓無他志成化壬申大風雨水暴至漂沒廬舍薛氏獨居小樓妯娌趣使下氏曰義不出此戶卒無恙詔旌之後以子簡貴贈太孺人萬歷舊志

謝選妻陸氏蘭墅女歸選三年而寡年二十二無子誓不更適後選兄遷生次子丕陸抱爲子撫教之後官吏部侍郎封太淑人詔表其廬八十六卒賜祭葬以節壽加賜寶鈔萬歷舊志

徐文元妻章氏瓶之女文元舉進士死其時章年二十

八斷髮矢節家貧不能葬夫遭鄰火作夫柩在室章號火泣拜願天反風果然正德壬申海溢水至章誓不外出卒無恙詔旌之萬曆舊志

王㷍妻陸氏王灴妻陳氏㷍灴皆早死陳無子陸始娠㷍病謂陸曰汝年十八歸我數月勿自誤陸曰君言誤耳君若死吾所娠子耶存撫之否則與君偕死㷍死氏七月産一子撫之如初言陳氏亦守志父母曰姆氏幸抱子汝何依空自苦陳曰吾知身耳因斷髮誓父母立灴弟子爲嗣復歿於是二節合資并食攻苦茹淡身不踰閾遇薦祭涉泣終日嘉辰令節見者

爲罷懽有司上其事並旌萬歷舊志

聞人才妻黃氏愷之女才以鄉貢病歿黃年十八無子家至貧或諷之嫁黃曰婦人之節固不係於貧與無子也且前妻之子在雖貧吾能針線紡績爲衣食計守志無變詔表其閭萬歷舊志

諸承言妻鄭氏年二十一而寡家徒壁立子遷方二歲鄭忍痛拮据鄰嫗百計誘其改適鄭罵絶之以節壽終孫敬之登嘉靖戊戌進士疏請得旌萬歷舊志

項昭韓塤妻少閱書史操翰製詞伎巧絶倫又不挾所長敏修婦事年二十三塤卒昭欲俱死念母寡恐傷

其心礪志貞節鄉少年慕昭者爭賂伯氏求婣昭峻拒之居恒備刀自衛有謀俟展墓刼諸塗者母兄同行不獲則爲流言詬辱昭乃擲刀曰吾今可無防矣彼智計俱困故辱我自退耳立伯子銀生爲嗣後親授書課拓復舊業邑人錢德洪作釋刀傳表之萬歷舊志

史鸞妻陳氏知府雲鶴女鸞中戊午舉人卒陳年二十六雖宦家婦蕭然四壁一夕鄰火及鸞柩陳伏棺號慟願俱焚火滅或勸他適陳曰須臾無死人不亮其心耶縊絶而蘇嘉靖中旌表萬歷舊志

周如登妻沈氏年二十四而寡舅姑俱耄伯氏如底仕

廉而貧沈忿死操作奉老撫幼六十年屏居一室葦

從子姪罕見其面母家亦不往萬歷舊志

呂成少傳本女許太傅遷之孫用模乙卯用模年十四

卒於鄉上春官至吳門以瘟卒女聞飲泣廢食誓死

殉有議姻者女即絕粒而死萬歷舊志

史立恒妻潘氏年十八歸史姑魏氏性嚴立恒酗酒暴

戾立恒死魏氏以喪子愈虐其婦杖不足則捽而嚙

之潘氏問寢上食愈益虔忿痛撫孤卒萬歷舊志

唐景禹妻徐氏景禹中嘉靖丙辰進士卒於京徐聞訃

慟絕再日始甦年二十三歲嘗葬戒為兩壙曰吾不

久入此矣日夜吞泣不食舅姑慰之稍進食家故貧盡毀衣飾爲舅姑養以終其天年晚益不給依寡母績紡臨終書見舅姑與夫曰何不早攜我而久苦我以生也嫠居四十五年冰操如一日萬歷舊志

陳孟愷妻傅氏孟愷以廩爲南詹事主簿繼娶氏封孺人未幾孟愷卒傅年纔十九悲愴欲殉念已有身五月稱未亡人比免身得女獨處一室與女相依不聞言笑以子三省貴封太宜人萬歷舊志

諸暐妻蔡氏暐嘉靖庚戌進士繼娶蔡氏暐卒蔡年二十痛甚燬衣飾潛縊柩側救甦持齋衣縞終身家貧

紡績至不能舉火誓不向人稱貸病飲之藥則辭曰未亡人以相從地下爲幸何藥爲年踰五十有司憐其苦節月贍穀二石萬歷舊志

邵倧妻陳氏通判陳有孚女倧入贅一月病歸而故陳氏聞訃過門慟絶而甦葬畢母勸歸陳氏曰生死歸邵而已舅姑仰宦遊妯娌足依也時年才十六嗣子無似望其孫之有立篝燈紡績使就讀身爲師氏焉萬歷辛卯旌表萬歷舊志

翁璧妻錢氏適璧二年璧病錢刲股以進竟不瘳誓死殉屏飧凡七日既念祖姑及姑在宗姻無可依者室

既罄懸身且乏嗣日夕紡織贍兩姑姑嚴猶時譙訶之夫之女弟及甥女皆幼孤翼而長之四時享薦不以貧缺矢節六十年萬歷舊志

陳克華妻楊氏歸三月克華卒時纔年十九甫殮鄰火殆及楊憑棺慟姑力挽之不起哭曰願同滅烈焰不令死者獨受慘也火遽熄閭里歎異伯氏舉仲子請於舅姑抱哺爲克華後獨處一室非執婦事不及堂非布素不御一日夜半疾雷破柱闔室震驚楊氏枕柱卧若無所聞嘉靖間表其閭曰貞節萬歷舊志

諸璧妻李氏年十八而寡家貧紡絍事姑以孝聞所生

遺腹既娶婦有孫後姑老死而子婦相繼夭殁煢然一身家益旁落百計周旋撫二孫復成立族黨稱之萬曆舊志

陳氏二節有智妻李氏有容妻姚氏始嫠之歲姚二十九李二十一初有智娶一年其季父克宅攜之松潘任病卒克宅貽書慰李甚至李氏泣言大人豈以是堅我哉微大人寧有二心者久之室燬編茅以居娣姒相依過者寂不聞人音已與羣從共建一寢未遷而姑卒二氏欲殯于新室同室不許姚氏曰吾豈以煢故詘姑喪乎姚氏負屍李氏扶之竟殯新室萬曆舊志

徐氏泰安守楊山繼室年二十一而寡善視諸妾妾有子女抱哺如已出守志三十年以伯子文煥貴誥封太宜人萬歷舊志

聞詩妻李氏詩諸生早卒李年二十四毁顔自守紡績課子以子金和貴封太淑人萬歷舊志

嚴金妻翁氏金爲時泰孫美文才以咯血死翁年二十一無嗣且貧再遭姑及祖姑喪而舅又喪明力持家事取辦十指閒不隳其志萬歷舊志

楊九韶妻羅氏年二十三而寡家徒四壁羅慟絶少蘇視諸孫獨宏科異乃抱而泣曰吾不即死者欲成此

兒耳於是苦身力作以教其孫後宏科成進士羅年六十餘閭里賢之萬歷舊志

徐士觀妻孫氏夫喪號不食死胡東昇妾魏氏東昇死縊以殉任鵬妻某氏鵬死親屬欲奪其志自沈於江萬歷舊志

翁守成妻韓氏守成子宗實妻袁氏宗實子煇妻周氏三世婦姑守志世稱一門三節其他以節聞者余乾妻施氏邵潮妻鄒氏楊煜妻諸氏張一致妻蘇氏王忠妻陳氏邵童妻陸氏徐邈妻張氏魏朝龍妻孫氏朱瑛妻李氏汪信一妻黃氏汪忱妻趙氏周智妻毛

氏岑越登妻翁氏岑桂妻張氏景僖妻張氏孫絕妻
嚴氏其婦楊氏許璧妻陳氏石模妻盧氏石校妻董
氏徐麟妻陸氏徐珪妻邵氏徐謐妻谷氏王守中妻
朱氏陳守卿妻錢氏楊熠妻謝氏孫暹妻毛氏邵方
母陳氏岑坦妻何氏岑祿妻張氏楊堯臣妻周氏楊
大登妻謝氏楊文宰妻俞氏王錦妻胡氏陳琥妻徐
氏黃綺妻范氏顧廉妻邵氏陳孟廉妻徐氏呂杜妻
沈氏黃一禮妻周氏夏道寧妻鄒氏毛世鳳妻楊氏
趙子卿妻胡氏張思立妻鄭氏徐整妻諸氏夏思新
妻陳氏毛岐鳳妻顧氏諸倫妻沈氏周子恭妻胡氏

鄒欽妻畢氏萬曆舊志

黃國宗妻應氏年十九國宗卒遺腹維祖撫養成立若節垂七十年舊浙江省志

陳四七妻項氏四七夭奄數年死舅姑勸之改適項曰舅姑無他男何以爲活未幾舅姑死項食貧自守有勸爲尼者項不應屛居墓側以紡績終其身舊志

鄭養鋭妻于氏養鋭卒于年二十四紡績撫其子光國同里欺凌之氏集宗黨告曰未亡人以死爲期豈利害所能怵哉遂截去其髮觀者失色相戒不敢犯舅疾革夜半告天割臂以進舅遂愈守志三十六年舊志

胡昭徐宏基妻宏基有足疾納采後知之父母欲離婚昭不可歸宏基即出其簪珥求善藥劑調夜禱庭中積歲而宏基疾愈未幾宏基卒昭年二十七欲自殺姑排戶救之踰年父母欲奪其志昭曰異日自罄之繩尚在也議乃息舊志

鄒光繩妻葉氏憲祖女歸數年而寡無子守志姑白氏病葉氏封股雜藥糜以進姑病獲愈舊志

鄒光紀母郁氏二十四而寡嫡子欲使改適郁欲自殺而止守志終其身舊志

盧時遵妻黃氏年十八生子未週而時遵卒矢志守節

奉姑至九十餘而歿平居未嘗有笑容年七十餘舊志

朱岐妻李氏年十八歸五載而寡撫子志仁居小樓紡績非祭祀足不履地守志三十載舊志

韓子龍妻陳氏年十六而寡撫六歲孤成立卒年八十五舊志

滑鳳妻陳氏鳳賈荆湘十年不歸衆謂鳳已死舅姑欲奪其志婦泣曰使果死婦當以死事舅姑儻生還而媳婦已嫁舅姑何以解其子乃斷髮誓守已而鳳還數月復去無歸期時陳已誕一子遭饑寒未嘗稍怨正德辛巳秋大疫姑將死陳刲其左股和羹進之姑

病獲愈舊志

邵洪化妻翁氏洪化早卒翁年二十四教子曾可使向學事姑以孝聞後病篤曾可與婦孫同時刲股論者謂節孝相成也舊志

施艮心妻吳氏年二十而寡子時學未週歲撫之得成立既而時學與婦俱早世復撫其幼孫邦曜親教之後邦曜疏請旌表累封淑人舊志

沈之泰妻吳氏之泰殉節死有司簿錄其家吳慷慨曰身爲名家女夫子爲當世名人義不爲夫子辱即自縊縣遣典史來視虛實典史手去其冒面之楮屋上

忽墮軞蝥典史手典史呼暴退走却顧曰烈婦哉烈婦哉後立從子爲後舊浙江通志

王烈女父翊許字于黄百學未歸翊殉難女年十三爲營將所掠有劉弁欲娶之奪劍自刎弁義之遂以劍殉其葬浙江通志

鄭遵謙妾金氏會稽人遵謙爲鄭彩所害金氏每祭縛草人書彩姓名寸斬以侑食彩聞之投金氏於海中舊浙江省志

國朝邱邦尹妻張氏年二十四夫亡苦節自持時上有翁姑

下有三子氏婦容不飾紡績奉養康熙二十五年
旌表浙江通志
謝兼才妻傅氏年二十八夫亡矢節教子春景子卒又
教諸孫曾有成歷七十餘年壽百歲先是翁姑在堂
氏事之甚孝姑常祝之曰好媳婦願汝多壽多子孫
至是果驗康熙五十二年　旌表浙江通志
邵煊妻朱氏年二十而寡事後姑先意承志姑晚年病
床三載氏調湯藥衣不解帶獨任勞勩不以委之他
八雍正三年　旌表浙江通志
謝盈若妻景氏年二十三而盈若卒氏矢志不二守節

二十八載雍正六年　旌表浙江通志

蘇滋忭妻閻人氏年二十四歸滋忭爲繼室滋忭舉進士授四川丹稜縣之任卒於途氏時年二十七迎柩於途哀感路人家貧罄奩資竭力營葬撫教前妻子新鉞爲諸生有文名氏晚年猶勤女紅未嘗聞笑語聲雍正八年　旌表浙江通志

朱葵忠妻周氏年十七歸葵忠葵忠亡周年二十八孝養舅姑舅姑病輒籲天求代及卒喪葬盡禮教子不吝脩脯嚴於督課至夜分絡緯聲猶與書聲相聞也守節三十二載雍正九年　旌表浙江通志

毛應昌妻洪氏年二十五夫亡舅因哭子喪明氏奉養十年克盡孝敬及歿經營喪葬撫子成立雍正十年
旌表浙江通志

華志登妻厲氏年二十八而志登卒氏撫子守節四十三載雍正十一年
旌表浙江通志

鄭子凝妻朱氏年十九歸子凝甫半載子凝卒舅姑以長子之次子爲之後氏長跪請曰姪與媳年相若願更得幼者舅姑韙之乃易以弟禋禄兒也氏撫教成立守節三十八年雍正十二年
旌表浙江通志

翁成德妻葉氏年二十三夫亡遺孤未晬氏毀容自勵

子稍長每泣語之曰吾不望爾貴顯第能讀書吾願畢矣子受母教勵志讀書姑早喪舅年八十餘疾鄰人不戒於火將延至室氏長號籲天曰舅病不能出氏豈能獨全乎言訖回風返火人咸異之守節三十五年雍正十二年

旌表浙江通志

周諸媚妻蘇氏年二十九而寡無子以猶子爲子屏絕膏沐終身布衣椎髻守節二十五年雍正十二年

旌表浙江通志

黃鏞妻汪氏順治五年山寇亂鏞與汪氏俱被執逼汪上馬不從斫之仆地至家而絕時又有黃聖質妻姚

氏兵逼之以兩手抱桑樹斫其首首倒垂而抱如故。又黃文備女兵逼之雙手握其裏衣斫死其手猶不可拆姚婦馬氏被驅出門投洋溪死浙江通志

茅貞女名志茅其蕙女許字陳廷籛未納采而陳死富室張氏子聞其賢力求焉將舉媒妁女沐浴更衣自經以死浙江通志

嚴三接妻錢氏氏幼喪母育於祖母趙年十四祖母疾篤氏刲股投藥而疾愈後父病亦如之夫病亦如之股凡三創而愈姑患臟翁患膈皆衣不解帶奉侍不倦浙江通志

任朝縉妻史氏孝感女孫年二十八孀居織紝以養舅姑姑患劇疾不可近侍湯藥者相率避去氏晝夜守之逾月不解衣兩月幾瞽康熙四十五年以節孝旌紹興府志

王貽植祖母黃氏年二十六夫故事姑撫子八無閒言卒年九十餘舊志

鄒珽妻柳氏珽亡氏纔二十餘苦節四十載善事翁姑撫幼子成立當事表其閭舊志

陳大魁妻邵氏年二十餘孀居守節子元萑八歲教之有法知府表其閭舊志

吴文龍妻徐氏年未三十而寡守節四十年撫子梅成立及梅妻亡不再娶復撫八歲孫應泰人重其母範舊志

鄔應高妻陳氏年十八而寡撫子恩武恐饑鞠育閲四十餘年恩武有義行善承母志舊志

陳尚禎妻景氏開明女適尚禎粥簪珥以供甘旨尚禎自石門病歸景與子婦刲股進藥夫殁氏將服滷爲家人所奪子婦嚴備之乘閒登小閣縊死舊志

沈景怡妻劉氏景怡崇禎巳卯舉人早世劉年二十教其子向學子振嗣年十八成進士選庶吉士賜蟒袍

告疾歸旋卒劉伶仃自守日治紝績苦節五十餘年足不踰一室卒年七十五舊志

黄忠妻周氏年十七歸忠七月忠歿産一男視曰願天鑒此血誠使吾夫有後有欲奪其志者周氏揮刀欲斷其手自是莫敢言日夜紡績資給遺孤白首不懈事聞被旌舊志

蔣煜妻童氏年二十七而寡煜舊畜一僮十六七矣童曰年少在孀婦家非宜也立遣之童故宦家女及笄居女紅汲灌纖微必親冬月手裂長夏絶糧惟悉心撫育其子嘗事表其門舊志

龔蘭臻妻邵氏夫故遺子襁褓中或勸之他適邵斷髮
毁容育子成立父母雙孤復迎養于家焉舊志
倪洪炎妻許氏年二十四夫亡子三歲撫之成立姑病
刲股以進守志六十餘年康熙六十年旌
方啟善妻張氏夫歿守志順治中征四明山砦營卒入
其室持刀脅之張延頸大呼曰不如殺我卒駭走乾
隆元年旌
汪恒道妻王氏恒道官光祿寺署丞早歿王氏二十四
嫠居不出中庭會征四明山砦營卒逼之引頸受刃
死

郤炳妻張氏夫兄弟七人舅耄獨迎事之奉養得其懽夫歿張年二十八紡績撫三子康熙二十九年大水漂廬舍張居危樓不爲動曰嫠也何之吾命與樓爲存亡矣其兄弟强之乃命擕其幼子坡隨避高阜曰先人不可無後也然樓卒無恙三子俱成立終身無嬉笑聲卒年七十六乾隆二年　旌

倪繼寬妻黄氏年二十五夫歿無子誓以死守事舅姑以禮閉門紡織宗黨罕見其面乾隆七年　旌

勞廷栻妻童氏舅史卒與夫造作營葬夫歿無子童閉戶紡績葬舅姑於洞園雍正二年海溢夫柩在淺土

漂去童號泣曰不得夫柩赴海死矣衆阻之謂水後柩不可辨童曰吾夫柩固可識向者治木不美每歲結以繩縱横千百道當不散也數十里外果見棺繩絆樹枝舁歸改葬知府杜甲稱爲索絇奇節乾隆十三年　旌

何卓美妻汪氏少有至性母病痢嘗所泄以驗瘥劇人稱爲女黔婁歸卓美舅嚚嫚罵汪善事之舅爲改悔父病疫舉家杌籍汪獨歸寧奉湯藥月餘母及弟妹皆獲愈卓美卒汪年二十守志撫孤勇患難十餘年汪孝養不怠卒年六十二

勞振金妻謝氏振金以力學病瘵死謝二十而寡撫從子元臣爲後元臣早死復撫其孫勉之向學嘗曰學不可一日廢汝祖故羸弱以學致疾豈學之咎哉汝父不學得永年乎聞者嘆爲名言乾隆十八年　旌

張守約妻羅氏年二十夫殁生子僅兩月羅絶粒數日舅知之泣曰婦死吾誰依矣羅乃强起奉舅姑鬻十指以營甘旨撫子成立乾隆四十一年　旌

張天庚妾邰氏夫亡佐嫡撫孤矢志不嫁雍正十年

旌

張宿妻趙氏夫亡善事翁姑課子成立乾隆二年　旌

徐貞女許氏吳必啟必啟殤矢志守貞往吳氏奉姑撫
繼子乾隆三年　旌
馬志元妻黄氏年廿八夫死苦節撫孤終歲不聞笑語
乾隆四年　旌
洪守經妻盧氏年二十五夫亡辛勤奉翁姑撫子成立
苦節五十餘年乾隆四年　旌
周日庠妻鄒氏年二十一夫亡守節撫孤卒年七十餘
乾隆五年　旌
楊師吉妻俞氏年二十七夫亡家貧勤紡績養姑鞠子
守節六十餘年乾隆八年　旌

孫衛妻李氏年二十一夫亡撫孤守志中年子復夭教養諸孫苦節終其身乾隆十二年 旌

胡羽宸妻陳氏年十九夫亡撫遺孤成立苦節終其身乾隆十九年 旌

黄景旦妻洪氏年十九夫殁無子誓以身殉舅姑持之乃撫從子爲後教之成立卒年五十六乾隆二十四年 旌

徐豫瑞妻孫氏年二十夫亡苦節撫遺孤乾隆二十四年 旌

夏建明妻邵氏年二十六夫殁撫孤成立守節四十二

年乾隆二十四年　旌
吳雲錦妻華氏吳雲彩妻尹氏俱夫亡守志姒娣相依
爲命乾隆二十五年同　旌
謝孔彰妻周氏年二十夫死撫遺孤事姑能曲體其志
乾隆三十年　旌
魯益生妻周氏夫亡守節撫孤卒年七十六乾隆三十
年　旌
張友朱妻嚴氏夫亡子得危疾禱於天立愈課諸孫有
法度事聞得　旌
宋履謙妻楊氏夫亡無兄弟奉事舅姑至老無惰容乾

隆二十五年旌

朱允昭妻鄒氏年二十夫亡守節奉姑卒年七十七乾

隆三十七年旌

馬旭如妻褚氏年二十四夫亡守節撫孤卒年七十七乾

隆三十八年旌

張遇亨妻吳氏年二十九夫亡守節撫孤卒年六十乾

隆三十九年旌

余士登妻嚴氏年二十六守節事翁姑以孝聞年六十

有司表其閭乾隆四十年旌

陳世熙妻胡氏歸七月夫亡撫從子爲後乾隆四十一

年旌
陳公璠妻郭氏年二十三夫亡矢志守貞事姑撫子不辭勞瘁後老病猶日課其孫勗以勤學乾隆四十二年　旌周尊一妻景氏乾隆八年　旌
朱廷桂妻徐氏年二十夫死期以身殉遺腹得男乃撫之成立年五十有司表其閭乾隆四十二年　旌
歷年旌表節婦徐彥超妻嚳氏年二十夫亡守節五十年蔣懋第妻劉氏年二十五守節卒年七十一施仲澄妻房氏雍正十一年旌　符伯超妻何氏年十九夫亡守節五十餘年江國安妻方氏徐世權妻張氏邵宏鑲

妻陳氏馬啟正妻戚氏乾隆元年旌張培惠妻許氏陳文瑛妻徐氏邵彥鉞妻徐氏胡鎧妻黃氏乾隆二年旌雍相度妾朱氏乾隆三年旌張培華妻朱氏乾隆四年旌林歐妻張氏蘇新鏞妻邵氏倪見峯妻許氏鄭文耀妻鄒氏黃萃禧妻朱氏乾隆五年旌濮宗周妻陳氏徐熹妻蔣氏胡祖鑒妻呂氏李家相妻張氏孫承泉妻王氏李承龍妻楊氏羅均揆妻袁氏方積生妻張氏乾隆六年旌林琰妻姚氏孫安之妻朱氏黃千仞妻龔氏聞人德昌妻張氏趙心一妻陳氏聞人彬妻俞氏潘相宰妻周氏乾隆七年旌陳大魁妻邵氏乾隆八年旌毛銀之妻趙氏乾隆九年旌

翁世茂妻朱氏蔣拱辰妻陳氏胡世沛妻翁氏黃景暠妻趙氏蔣天銘妻黃氏乾隆十二年旌王貽森妻邵氏嚴景干妻韓氏呂深之妻邵氏茅光泗妻嚴氏嚴伸陟妻鄒氏聞人湧妻許氏聞人洪妻王氏乾隆十三年旌蔣德謙妻褚氏貞女褚氏乾隆十五年旌史義桂妻張氏妾毛氏同守節乾隆十六年旌嚴圻妻韓氏馬文光妻沈氏胡其介妻錢氏乾隆十八年旌周晉國妻毛氏乾隆二十年旌諸潮妻陳氏乾隆二十一年旌黃思周妻洪氏魏宗孟妻黃氏乾隆二十二年旌趙時燧妻熊氏乾隆二十三年旌戚瀾妻邵氏盧邦基妻李氏乾隆二十六年旌謝文裔妻呂氏乾隆三十年旌

周翼謀妻謝氏乾隆三十二年旌何在坦妻張氏黃子才妻李氏黃紹基妻李氏乾隆三十三年旌杜廷佐妻葉氏乾隆三十四年旌李家學妻趙氏乾隆三十五年旌韓天鹽妻徐氏朱從奎妻李氏呂奏大妻胡氏蔡德偉妻李氏乾隆四十年旌呂世文妻朱氏羅士忠繼室胡氏乾隆四十一年旌孫大猷妻張氏謝天培妻宋氏張起先妻毛氏胡我範妻謝氏朱文燨妻胡氏乾隆四十二年旌徐之璋妻韓氏周起鴻妻楊氏沈民則妻戚氏趙敷文妻華氏乾隆四十三年旌

從祀節孝祠節婦孫晷妻虞氏孫伯純妻張氏元節孝張氏郡君節孝張氏明范氏鄒氏貞女呂氏任鵰妻

某氏姚節婦馬氏黄恕八妻陸氏吳術妻谷氏孫鳳
冲妻徐氏邵梓妻陳氏聞人金妻任氏陳釆妻周氏
蘇秉乾妻史氏黄孝則妻李氏楊廣謙妻邵氏徐錦
晉妻許氏陳啟邕妻諸氏朱時昌妻樓氏胡大介妻
呂氏翁世澤妻朱氏馬季遴妻黄氏魏侶泉妻黄氏

按入祠節婦其守節事實及
旌表年分可稽者已悉載於右

案節婦易於淹沒其掘門窮巷無力請　旌者尤
爲可憫乃或以多載節婦爲疑其亦昌黎所云好
爲議論不樂成人之美矣今從一統志之例凡已
旌節婦事迹相同者分載其姓名至節婦合例而

未旌者各書采訪者之姓名綜核名實賢士大夫
任其責焉

朱定遠妻顏氏年十八守節卒年六十九　吳子祥妻鄭氏年二十一守節卒年五十三據施毓暉采訪冊　徐和夏妻朱氏年十九守節卒年五十五據朱應策采訪冊　黃紅發妻嚴氏年二十守節卒年六十一子廷三復天媳諸氏年二十五守節卒年八十六據邵陛陛采訪冊　謝元名妻周氏年十七守節卒年七十八　符顯商妻謝氏年二十四守節現年七十　謝程智妻諸氏年二十四守節卒年五十四據謝汝軾采訪冊　任泰宇妻石

氏年二十八守節卒年七十二　任叔賢妻蔣氏年二十七守節卒年六十　周遜先妻韓氏年二十七守節卒年五十五　張杏濱妻曾氏年十九守節卒年六十餘　徐季和妻蔣氏年少守節卒年八十餘　諸肇璉妻余氏夫亡絕粒死　王圖慶妻阮氏夫亡服除自縊據黃璋采訪冊　徐仲英妻許氏夫亡守節終其身據張承敬采訪冊　鄒烈女學桂孫女許字史可憲聞可憲卒哭泣死　史茂敷妻毛氏守節三十年據史仲節采訪冊　王繩徐妻陳氏年二十七守節卒年六十五據岑元陶采訪冊　張南陽妻何氏年二十八守節卒年四十六

張子龍妻倪氏年二十三守節卒年六十六據張德采訪冊

趙日昂妻潘氏年二十守節卒年七十二

史義科妻胡氏年二十九守節卒年五十六

貞女杜氏許字夏應坤聞應坤死衰服往守志

任銓妻嚴氏年二十二守節卒年七十一

諸方逵妻汪氏年二十三守節卒年六十五

任爊妻嚴氏年二十二守節

楊北涯妻胡氏年二十二守節現年七十一據羅爊采訪冊

胡堯卿妻趙氏守節撫子承錫承錫復早世其妻王氏年二十九而寡守志六十七年據胡飛青采訪冊

熊貞女名端許字勞世臣世臣殁女守貞不嫁

郃元鵬妻張氏歸二年夫歿守節奉姑立從子安道爲後　勞士毅妻鄭氏年十八而寡兄弟欲奪其志嚙臂自誓人莫敢復言據勞琛采訪册　嚴津妻孫氏年二十守節現年六十八洪學妻張氏洪煥妻金氏據張廷枚采訪册　郃敬業妻孫氏年二十六守節現年六十五　史節斌妻朱氏年廿五守節卒年六十六子祖義復早世其妻朱氏守節奉姑現年七十七　張鴻勳妻郃氏年二十五守節卒年六十七　夏時妻羅氏年二十九守節現年六十五　夏文耀妻顧氏年三十守節卒年八十一　蔣允文妻徐氏年十九守

節現年五十　蔡旭如妻楊氏年二十七夫卒守志終身　黃艮材妻章氏年二十八守節卒年六十九　韓電章妻鄔氏年二十六守節卒年六十三　鄔砥臣妻熊氏年十九守節卒年八十三　盧氏三節　盧世昌妻陸氏世俊妻龔氏世則妻胡氏據王益川采訪冊　鄔陞庭妻韓氏年二十守節現年五十　韓望可妻褚氏年廿五守節現年六十　滑錫理妻姜氏年廿二守節現年五十三　毛聃妻孫氏　韓肇奏妻章氏　鄔士梁妻韓氏　史隱上妻沈氏　陸錦妻聞人氏年二十六守節卒年八十五　陸希明妻胡

氏年二十二守節現年五十八　沈源恒妻杜氏據徐均采訪冊　胡大任妻茅氏年二十五守節現年六十八　盧星聚妻張氏年二十六守節奉舅姑卒年七十五　韓繼綸妻盧氏年二十一守節卒年五十七　韓肇麟妻袁氏年二十守節卒年五十三　史義方妻張氏年二十四夫卒家貧守志鞠孤現年七十二　張鴻業妻鄒氏年十九守節卒年八十一　陳聖慶妻黃氏據陸魯觀采訪冊

烈婦楊甲三妻王氏夫遠客氏與姑煢煢相依里豪誘之氏拒之峻豪誣以穢語氏恐不與校夫歸具以白夫遂縊死夫亦終身不再娶何

成宰妻葉氏年二十守節現年六十三子廷儀復早殤其妻宓氏年十九奉姑守志　陸蓮先妻徐氏年二十六守節卒年七十七　魏鼎文妻倪氏年二十五守節現年五十二　邵衡漢妻黃氏年二十六守節卒年六十　徐城妻俞氏徐銘妻邵氏　馮志望妻周氏年二十六夫亡守志終身據沈元勳采訪冊　余士章妻魏氏年二十八守節現年五十五　陸見三妻谷氏年二十七守節卒年六十八　陸文卜妻潘氏年二十六守節現年六十二　邵基度妻胡氏夫死守志卒年七十六妾陳氏同守節　嚴怡妻韓氏年

二十守節卒年七十七　嚴陞妻鄒氏年二十七守節卒年七十七　嚴廷璋妻盧氏年二十一守節卒年七十八　嚴士宏妻鄭氏年二十五守節卒年七十五　嚴朝元妻陳氏年二十四守節卒年七十八　嚴銘妻鄭氏年二十二守節現年八十七　張兆科妻嚴氏年二十一守節現年六十一　馬宣義妻沈氏年二十夫歿撫遺腹子矢志不嫁據徐坤采訪冊　陳景榮妻章氏年二十二守節卒年六十二　陳錫仁妻任氏年十八守節卒年五十四　陳錫璐妻李氏年二十四守節現年六十二　周天授妻何氏年十

八守節現年六十九　何蓮芳妻嚴氏年二十一守節卒年七十一　何成塡妻鄒氏年二十六守節卒年六十七　何成垣妻陸氏年二十四守節現年五十九　沈其位妻蔡氏夫亡守節現年六十五　沈廷瑚妻黃氏年二十九守節現年六十四　沈文燦妻嚴氏年廿九守節現年七十　蔣明揚妻沈氏年二十八守節卒年六十一　何靜山妻洪氏年二十一守節卒年四十二　沈維寧妻戚氏年二十四守節現年五十　何厥中妻胡氏夫亡守志事姑以孝聞據何大經采訪冊　徐道光妻馮氏年二十守節撫孤以

老病卒據華維新采訪冊　王貞女許字施肇周肇周卒哀服往守志現年七十五據韓頊薦采訪冊　張鰲之妻夏氏夫亡自縊死　張綸妻韓氏夫亡守節　張煜巘妻韓氏年十九夫歿守節三十餘年　張志烶妻錢氏年十九夫亡守志現年七十　聞人大賓妻厲氏年二十四夫亡守志據厲景權采訪冊　謝伯明妻陳氏年十九夫亡守節　魏元蓬妻謝氏年二十五守志子大猷妻徐氏年十九守志謝氏卒年七十徐氏現年五十餘　謝汝霖妻戚氏年二十六守志卒年六十五　謝文典妻戚氏年二十三夫亡守節現年八十三

謝廷範妻周氏年二十七守志現年五十五　謝應聘妻戚氏年二十五夫亡守志　謝曰欽妻楊氏年二十六守節現年七十據謝薛如采訪冊　王子寧妻張氏夫亡守志卒年六十一　楊啟光妻姚氏年二十一夫亡守節奉舅姑以孝聞　倪禹傳妻蔣氏年二十三夫亡守節　鄔仲張妻郤氏年二十八守節卒年五十九　王後昌妻呂氏夫死守節卒年六十八

鄔邑周妻鄭氏年二十五守節卒年七十八　周遐音妻鄔氏年二十三守節卒年六十一　朱宏裕妻方氏年二十七守節卒年六十二　鄔佩珍妻朱

氏年二十八守節卒年八十一　毛子千妻宋氏年二十三守節現年六十七　李恩皇妻潘氏年二十五守節現年六十一據倪紹岳采訪冊　余氏二節其昌妻徐氏年二十三廷昌妻史氏年二十一並孀居徐有子自立史止生一女同志撫孤徐老病死史卒年八十一　張孟英妻鄭氏年二十三守節卒年九十七　陸希曾妻翁氏年二十三守節現年五十四　谷麟徵妻史氏年二十七守節卒年七十據余鳳池采訪冊　孫允公妻胡氏年二十四守節現年七十五　胡克禮妻楊氏年二十五守節現年六十一據胡一峯采訪冊　沈

名選妻嚴氏年十八守節卒年八十二　沈振廷妻陳氏年二十九守節卒年六十二　沈鶴鳴妾潘氏年三十守志撫孤卒年七十五　胡蕭氏年三十守節卒年七十　胡俊妻沈氏年二十五守節現年七十　沈桂妻王氏年二十七守節卒年八十三　陳廣仁妻黃氏年二十守節卒年六十四　陳爾俊妻俞氏年二十一守節卒年七十三據蕭海本采訪冊　錢鐸妻何氏年二十四夫亡守志　徐廷猷妻邵氏年二十三夫亡守志事舅姑以孝聞　錢塾妻王氏年二十八夫死守節　黃金城妻張氏年十九夫亡守節

據錢志欽采訪冊　鄒溯簪妻朱氏年二十一守節現年六十三　葉仲芇妻徐氏年二十一守節現年八十曾祥麟妻干氏年二十二守節卒年六十三據鄔朝瑛采訪冊　邵景妻徐氏年二十一守節卒年五十據王遴標采訪冊　韓希軾妻熊氏年二十守志卒年五十六據韓東郊采訪冊　厲則臣妻孫氏年二十二守節卒年六十一據厲丹陽采訪冊　黃振飛妻謝氏年二十五夫死守節四十餘年據陸鏗采訪冊　黃光禴妻韓氏年二十三守節卒年九十餘　吳文儁妻馬氏夫亡守志終　許振綱妻周氏年二十五守節卒年五十六　徐志學妻董氏

年二十一守節現年五十　徐文正妻熊氏年二十四守節現年五十二據周雲翔采訪冊　聞人垍妻沈氏年二十八夫歿守節終　沈貞女名發許字謝達沖聞達沖殤哀服往守貞據徐爐采訪冊　方汝璋妻褚氏年二十二守節卒年六十　方芥山妻黃氏年二十五守節卒年六十　方河津妻韓氏夫亡守節三十餘年

方熙載妻魯氏年二十二夫死守志三十年子遐齡復早殤其妻朱氏年二十二奉姑守志現年四十七據方立山采訪冊　張天祥妻史氏歸一月夫殤苦節終其身　勞一龍妻王氏年二十二守節現年八十八

勞南崧妻王氏夫亡自縊死據勞夢魁采訪冊　臧英豪妻周氏年二十一守節卒年六十二　臧定國妻周氏夫亡守節終據臧廷立采訪冊　陳大元妻孫氏夫亡守節終據陳疇采訪冊　黃子才妻周氏年二十守節卒年八十　黃述榮妻樓氏歸五日夫亡守志奉舅姑現年七十二據黃霖采訪冊　張宗武妻劉氏年二十八守節現年七十一　李君成妻趙氏年十五守節卒年七十據孫士桂采訪冊　鄭士鉞妻高氏年二十八守節現年六十　鄭茂賢妻嚴氏年二十七守節卒年八十八　張德聞妻茅氏年二十七守節現年六十六　趙懷遠

妻徐氏夫亡守節現年七十餘據盧南喬采訪冊　高士璉妻羅氏年二十二守節現年五十　羅塏妻高氏年二十二守節現年七十　羅希聖妻高氏年二十五守志現年六十　陳介猷妻岑氏年二十五守志卒年八十　羅勝之妻馬氏年二十三守節終其身據羅學游采訪冊　黃紹極妻沈氏年二十五守節卒年六十五據符贊清采訪冊　任蕭楠妻葉氏年二十而寡夫有從妹二姑亦早寡相依守志葉卒年六十三二姑年六十二　陳元度妻王氏夫亡守節　徐國民妻李氏年二十九守節現年五十二　胡國禎妻黃氏夫亡守

節　胡士英妻黃氏　王光耀妻周氏　王維迪妻
任氏俱夫亡守節　周林妻王氏年二十八守節現
年五十七據何起韓采訪冊　鄒名世妻陳氏年二十九守
節卒年六十五據史和采訪冊　金瑗妻史氏據翁元音采訪冊
余鏞妻羅氏　余喜德妻章氏　毛叔平繼室何氏
據余恕采訪冊　朱忠侯妻黃氏　黃鶴繼室沈氏　黃兆
龍妻陳氏　黃堯臣妻駱氏　黃兆鰲妻李氏　黃
正邦妻陳氏　李守妻汪氏　黃應鐘妻傅氏　黃
元資妻莫氏　李虎侯妻周氏　李權妻章氏　李
守德妻丁氏　黃釗妻虞氏　黃潤妻童氏　黃鈇

妻施氏　黄金繼室韓氏　黄石名妻韓氏副室許
氏　韓節婦黄氏槪女　應節婦黄氏正位女　黄
文臣妻章氏　姜尚二妻裘氏　姜珙妻夏氏　姜
槐妻張氏　姜漸妻韓氏漸弟濠妻徐氏　姜潤妻
顧氏　姜雲鳳妻魯氏　姜景妻黄氏　姜大節妻
陳氏　姜克慎妻方氏　姜基母金氏　姜肇陽妻
夏氏　弟升陽妻朱氏　姜錫妻魏氏　姜應鳩妻
袁氏　姜思明妻鮑氏　李孝女邦鼎從姑　據黄嶽施浚宣
采訪册　徐瓚玉妻韓氏　翁暢公妻朱氏　霍文煥
妻潘氏年二十九守節卒年六十五　姜景長妻史

氏年二十四守節卒年八十四　張國芳妻徐氏二十六守節現年五十八　胡世傑妻呂氏年二十六守節現年五十八據諸開濟采訪冊　金安仁妻陸氏　金爲仁妻史氏　俞法蘇妻陳氏據沈思銑采訪冊　陳武妻何氏　國初遭海寇逼氏偕行氏抱柱賊怒刃氏股至死不釋　陳宗海妻諸氏　戚光宗妻張氏俱夫亡守節據翁會懸采訪冊　諸卜年妻陳氏　趙奎文妻岑氏據陳煦采訪冊　岑士儀妻王氏　岑朱雯繼妻魯氏　沈士奇妻岑氏　周詢之妻阮氏　姜景華妻周氏據徐素采訪冊　孫進思妻王氏　孫文英妻虞氏　葉

貞女許字孫大心據孫磐采訪冊　陳毓英妻邵氏　陳大元妻孫氏　沈鉉妻周氏　盧靜函妻厲氏　岑尚禮妻吳氏　潘兆元妻宋氏據沈元勳續采　余嗣顯妻陳氏　胡承清妻　氏　馬文光妻沈氏　馬宣義妻沈氏　沈鋐序妻周氏據徐坤續采　沈士鋐妻周氏據徐復錦續采　史祖義妻朱氏據徐璐采訪冊　施勇妻陳氏據翁曾典續采　黃國樞妻朱氏　樓孟宏妻趙氏　邵思禮妻于氏據徐均續采　王三友妻茅氏　周照妻毛氏據厲廣照續采　樓士琦妻韓氏　葉國福妻黃氏據葉藻續采　徐雲龍妻黃氏　楊汝梁妻袁氏　朱烈文妻韓氏據徐堅朱文焰全采　夏節婦楊幹臣